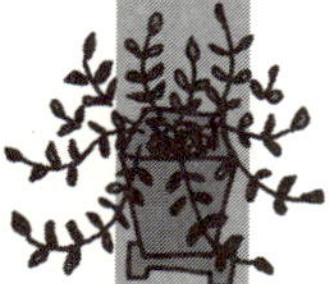

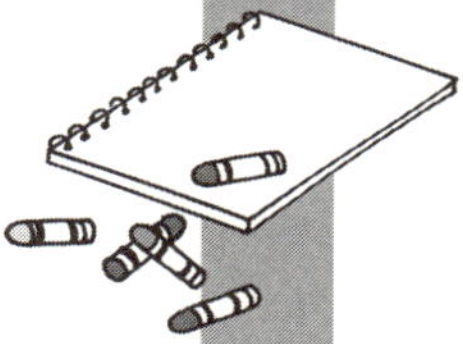

自分を浄化する方法

スッキリ・キレイなわたしに生まれ変わる

レイキカウンセラー
矢尾こと葉
Yao Kotoha

かんき出版

はじめに

忙しい毎日の中で疲れて、なんだかくすんでしまった自分。洗濯物みたいにジャブジャブ洗えればいいのに……。そう思うことはありませんか？

誰がどこで作ったのかよくわからない食品、よく知らない添加物の入った薬やサプリメント、成分のわからない化粧品。こうしたものばかり、とり入れていませんか？

自分の気持ちは二の次にして、言いたいことはグッと我慢。怒りやイライラを、ため込んでいませんか？

もしそうなら、あなたはかなり「いらないもの」がたまっているはず。疲れがとれなかったり、頭がどんよりしていたり、肌がくすんでいたり、ささいなことで落ち込んでしまうようなら、それは「浄化が必要ですよ」というサインです。ちゃんと出してあげなくてはなりません。

実は、「出す」という行為は、心とカラダにとってとても大切。言葉、涙、咳《せき》、くしゃみ、あくび、げっぷ、おなら、便、尿、汗、喜び、悲しみ、怒り、イライラ、自分を不自由にさせている思い込み、ぐるぐると頭の中を回っている答えの出ない悩みなど、あなたの中に澱《おり》のようにたまっているものを、すべてキレイに出し切ってしまいましょう。

いらないものを出してしまうと、これまで滞《とどこお》っていたエネルギーが流れ出します。そのうち、肌がキレイになり、カラダが軽くなり、頭がスッキリして心が穏やかになり、運がよくなった自分に気づくはずです。

この本で紹介する方法は気軽にできるものばかりですが、一度にすべてを実行する必要はありません。最初はまず、なんだか気になる方法、できそうな方法を実践してみてください。いくつかの方法をためして浄化がはじまると、ほかの方法をどんどん試してみたくなるはずです。

どれを選んでよいのかよくわからないという方は、神様の力を借りてみてはいかがでしょう？

1. 本を両手で持ち、目を閉じ、深呼吸をする
2. 「わたしに必要なメッセージをください」と唱える
3. ゆっくりとページを開く

そして、開いたページをじっくり読んで、そこに書かれている浄化方法を実行してみてください。

入れる前に出す、インプットよりもアウトプット。キレイに浄化されると、以前よりももっとよいものが入ってくるようになります。「気持ちいい」を大切に、自己浄化（セルフ・クリアリング）をはじめましょう！

目次

浄化のきほん

自然のパワーをとり入れる

浄化を促すプチ習慣

空間を浄化する

自分を浄化するオマケ

・装丁　重原隆
・イラスト　植木美江
・本文デザイン　畑政孝
・協力　企画のたまご屋さん

あなたというパイプを、お掃除しましょう

あなたはエネルギーが流れる一本のパイプです。
ヨゴレを放っておいたらパイプがつまって、
エネルギーが流れにくくなってしまいます。
愛や喜び、豊かさを受け入れるために、
心とカラダの大掃除をはじめましょう!

1

あなたは、パイプです

ここに一本のパイプがあります。

豊かさや愛情が流れているパイプです。

すべてのものを生かしている宇宙エネルギー（スピリチュアルパワー、気、愛ということもできます）は、今、この瞬間にも、あなたという一本のパイプを流れ、そして出て行っています。

この世のものはすべて気でできていますから、実は宇宙エネルギーはどんな人にも流れているのです。

パイプがお掃除されたキレイな状態なら、宇宙エネルギーはどんどん流れ込

んできます。でも、パイプがつまっていると、せっかくのエネルギーがぐぐ…と流れにくい状態になります。

生まれたての赤ちゃんはピカピカのパイプです。ヨゴレがないのでエネルギーがどんどん流れ込みます。ですからケガをしてもすぐに治ってしまいますし、代謝がよく、カラダが熱いものです。

しかし、大人になるにつれて、パイプにヨゴレがたまるようになります。パイプのヨゴレはほとんどの場合、心とカラダのストレスから生じます。

あなたというパイプをお掃除して、太くキレイにしましょう。

排水溝の掃除も月に一度ではなくて、毎日していれば、ヨゴレがたまることもありません。たまったものを出し、勢いのよいキレイなエネルギーを流すことで、パイプはお掃除されていきます。

パイプがキレイになると、喜びや豊かさがあふれるほど流れ込んできます。

宇宙の恵みを、カラダいっぱい、ハートいっぱいに受け取りましょう！

2 たまっていませんか？

さまざまなストレスにさらされている日々の中で、ピュアで美しい自分を保つことは簡単ではありません。

衣類がヨゴレたら、洗剤でジャブジャブ洗いますよね。水が真っ黒になってびっくりすることもありますが、真っ白になった衣類はなんとも気持ちのよいもの。疲れてヨゴレた自分も、こんなふうにジャブジャブ洗えればいいのに……そう思うことは、ありませんか？

怒りや憎しみ、悲しみ、ねたみといったネガティブな感情はドロドロしていてうまく流れません。心のパイプをつまらせる原因となります。意識してお掃

除しなければ、あなたの中にどんどんたまり、心だけでなく、カラダにもよくない影響を与えます。また、ジャンクフードや加工食品、化粧品に含まれている薬品など、不要な化学物質もカラダのパイプをつまらせる原因になります。

疲れがとれない。
カラダが重い。
肌がくすんでいる。
頭が冴えない。
些細なことで落ち込んでしまう。
何をやっても楽しくない。
いろんなことがうまくいかない。

こんな症状があらわれたら、「浄化が必要ですよ」というサインです。

3

出入りの法則——

出さなければ、入ってこない！

わたしたちは、何かがうまくいかなかったり、状況を変えようとしたりするとき、「何が足りないのか」ばかりを考えてしまいます。

しかし、日本語の「出入り」という言葉は、「入」よりも「出」が先。つまり、インプットする前に、アウトプットしなくてはならないのです。

よい流れは、まずは出すこと（手放すこと）から生まれます。

生命活動の基本である「呼吸」は、はいて（呼）、すう（吸）の順番です。

死を迎えた人のたましいが肉体を離れるとき、「息を引き取る」といいますが、

「息を吹き返す」のはやっぱり「出す」とき。オギャアと声を出したときから人生がはじまるように、出すことは、生きることと直結しています。

おさえていた感情や言葉。
涙、咳、くしゃみ、あくび。
げっぷ、おなら、便。
湿疹《しっしん》、にきび、発熱、発汗、かゆみ、痛み。

カラダから出るものは嫌われがちですが、「出す」ことはすべてよいことです。出しているときは、苦しいかもしれませんし、見たくないものまで出てきてしまうかもしれません。しかし、すべてを出し切ったあと、カラダは軽くなり、すがすがしい気持ちになるはずです。
持っているものを出し切ったとき、新たに入ってくるのは「豊かさ」です。

4

流れの法則
浄化をすると、不要なものが浮かび上がってくる

普段はキレイに見える川も、大雨などで一時的にどっと水が増えたあと、びっくりするくらい濁った状態になりますよね。これは、表面上はヨゴレが見えていなかっただけで、実はあちこちによどみがあった証拠。

新しい水が流れると、川底にたまっていた澱《おり》やゴミが表面へ浮き上がってきて、下流へと流されていきます。

あなたもまた、エネルギーが流れている川のようなものなのです。

心とカラダにたまったヨゴレは、普段は目に見えません。しかし、台風や大雨のような事態が起こると、たまっていたものやおさえ込んでいたものが、う

わーっと浮き上がって出てきます。

浄化をはじめると、一時的に体調を崩したり、持病が悪化したように見える現象が起こります。これは好転反応《こうてんはんのう》と呼ばれるもので、いってみれば心とカラダの大掃除。すべて流れてしまえばスッキリ美しい状態に戻ります。

心やカラダが本来のイキイキした状態に戻るために、デトックス（毒出し）しているのです。

どうもカラダがだるくてやる気が起きないというときは、無理に動こうとしてもそれほど効果は上がりません。

それよりも「ああ、浄化デーなんだな。カラダががんばってくれているのね、ありがとう♪」くらいに思って、少食にしてたっぷりの水分と休息をとって、カラダが本来持っている浄化作用を助けてあげることが大切です。そうすることで、不要なものが体外に排出されていくのです。

5

アウトプットの法則――
知恵や経験のシェアが豊かさのカギ

知っていることを人に伝えましょう。

できることを、人にしてあげましょう。

あなたの持つ能力やテクニックを、人のために活かしましょう。

すると、あなたには必要な情報、新しいアイデア、すばらしい出会いがもたらされます。

とくにあなたが、社会に出て五年以上経っていたり、二〇代の終わりにさしかかっているなら、これからは本格的なアウトプットの時代のはじまりです。

学校を出て就職すると、いわゆる社会人一年生になります。右も左もわからない、フレッシュなヒヨコ人生のはじまりです。新しい知識を得たり、ときには叱られ、悔しい思いや恥ずかしい思いをしながら、すべての経験をスポンジのように吸収していきます。多くの方にとって、二〇代はそんな時代です。

でも、ふと気が付いたら、何だか物足りない。新しい情報を得ることにもそれほど情熱がわかないし、自分が何をしたいのかがよくわからない。そもそもわたしのやりたいことって、天職って、本当はなんなんだろう?

そんなとき、わたしたちは新しい趣味をはじめたり、カルチャーセンターに通ったり、資格取得に挑戦したりと、また何かをインプットしようとしがちです。でも、本当に必要なのは、入れることではなく、出すことなのです。「アウトプット」のタイミングが来ているのです。

アウトプットのあとには、豊かなインプットが約束されています。

浄化のきほん

浄化のきほんは、カラダと仲良しになること。
不要なものを断ち、よく眠り、
愛情の込もったものを食べましょう。
あなたのカラダと、
もっともっと仲良くなれるはずです。

1 頭のてっぺんをやわらかくする

韓国では、日本のお笑いコンビが頭を叩いてツッコミをする映像を、テレビで流さないようにする動きがあるくらい、頭を大切にしています。また、頭をさわられたり、なでられたりすることすら、よしとしない民族もいます。

頭って、実はとても繊細で大切な場所なのです。

わたしは「レイキ（霊気）」という日本生まれのハンドヒーリング（手当て療法。気功の一種）をはじめてから、頭、とくに頭頂部の大切さを実感するようになりました。

レイキを行うと、手のひらから宇宙エネルギー（気）が出るようになるので

すが、そのときに大切なのが頭のてっぺんなのです。宇宙エネルギーは、頭のてっぺん、ツボでいうと百会《ひゃくえ》と呼ばれる場所から入ってきます。

生まれたての赤ちゃんは頭蓋骨《ずがいこつ》がぽっかり開いていますから、宇宙エネルギーがどんどん入ってきます。大人になると頭蓋骨はくっついてしまいますが、見えないものや精神的なものを大切にするスピリチュアル意識の高い人は、大人でも頭のてっぺんがやわらかいと、知り合いの整体師の方が言っていました。

あなたの頭のてっぺんをさわってみてください。

くにゃっとやわらかいですか？

それともガチガチですか？

固くなっていると思ったら、指の腹で頭皮をほぐしたり、髪の生え際を指圧したり、お風呂に入ったときに優しく頭皮をマッサージしたりしましょう。また、蒸しタオルで温めてからオイルを使うとリラックスします。

そして、あまりグルグルと同じことを考えすぎないことが大切です。

2 カラダの声に耳を澄ませる

本当に必要なものや不要なものは、カラダが知っています。カラダの声に耳を傾ける習慣がつくと、なんでもほしがったり、人をうらやんだりする気持ちが減ってきます。

わたしはレイキ（霊気）をはじめてから、カラダの声が聞こえるようになりました。自分自身のカラダに手を当てながら、「この痛みの理由を教えてください」と静かに語りかけます。すると、痛みの原因がふと浮かんでくるのです。

外食しておなかがいっぱいなのに「デザートも頼んじゃおうかな？」というときも、おなかに手を当てて必要かどうか聞いてみます。たいてい、「いりま

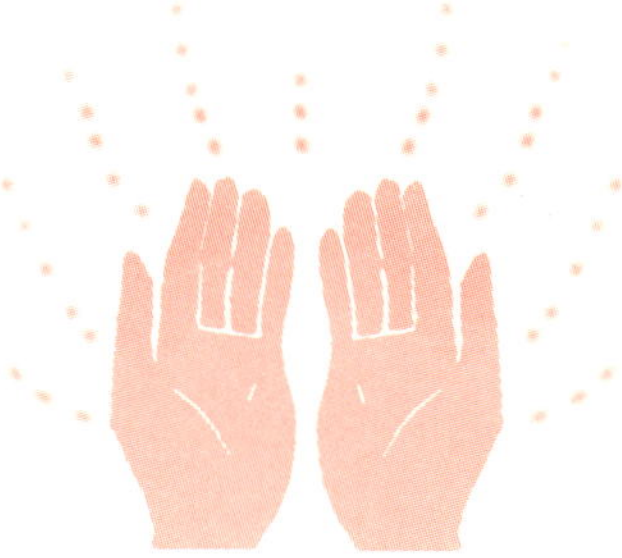

せん」と即答されます。こうしたことを繰り返すうちに、「甘いものがほしい」「もっと寝ていたい」といった感覚が、カラダの欲求なのか、思考なのかがわかるようになってきました。

もちろん、レイキを使わなくても、カラダの声を聞くことは可能です。もっとも身近で簡単な方法は、深呼吸をしてカラダに意識を向けることでしょう。

目を閉じて、口から細く長く息を吐いていき、

吐ききったら鼻から息を吸って、

今度はまた口から細く長く、息を吐いていく……。

あなたの吐き出した息が空気に触れたとたん、キラキラと輝いて舞い散る、そんなイメージです。深い呼吸を覚えると、全身の感覚が研ぎ澄まされ、カラダの声が聞こえてきます。本当に必要なものが、わかるようになるのです。

3 ひたすら眠る

寝ているときは、カラダの自然治癒力《しぜんちゆりょく》が最大限に発揮されています。

ヒーリングなどを受けると、すぐに眠ってしまう人がいますが、こうした場合は自分のカラダやたましいの声に向き合うタイミングが来ていることが多いようです。カラダの声に従ってゆっくりと休むことで、次の扉が開けます。

わたしは予知夢を見たり、迷っていることについて寝ている間にメッセージをもらったりすることがよくあります。「今日はいろいろなことを教えられたなあ」と思いながら目を覚ます朝も少なくありません。

「この件についてよいアドバイスをください」とお願いして眠りにつくと、翌

朝ひらめきがあることもあります。

どうやら、たましいは寝ている間に、カラダから抜け出てエネルギーの世界に行き、守ってくれている存在たちと一緒に今後についてのミーティングをしているようです。眠りは、次のステージに向かう準備でもあるのです。

眠くてたまらない時期は、大きな転機がやってくる前触れともいえます。

わたしは睡眠不足でもないのに眠くて仕方がないとき、「たましいのステージが上がる前触れなのね」とワクワクし、襲ってくる眠気にあまり逆らわないようにしています。

寝ても寝ても眠たくて仕方ない……。

そんなときには、「これからどんなステキなことがあるんだろう」とバラ色の未来にワクワクしながら、清潔で心地よい寝具に包まれて眠ってください。

4 美しく出す

ためているより、出すほうがいい。とはいえ、出したあとのことを考えると、キタナイものよりキレイなものを、出しておきたいところです。

愚痴や悪口、　感情的な言葉、　イライラ……

あたりかまわずまき散らされたものは、結局はあなたの周りを漂うことになるのです。

どうせ出すなら、ちょっとでもキレイなものを出しませんか？　方法は簡

単！　出し方を美しくすれば、美しいものが出てくるのです。

たとえば、声。あいさつの言葉や家族や友だち、職場の人の名前を、普段よりゆっくりと丁寧に発音し、心を込めてみましょう。

「おはようございます」

「ありがとうございます」

するとと不思議なことに、あなたの発音した声がキラキラと輝き、あたりの空気まで美しくなってくるのです。

振る舞いを少し優雅にするだけでも、あなたの周りで動く空気が変わります。くずかごにゴミを入れるときは、音を立てずに静かにスマートに。御礼や心付けとして金銭を渡すときは、ポチ袋や封筒に入れて。

もちろん、くしゃみをするとき、咳をするとき、おならをするときも同じです。ちょっと優雅に、スマートに。ときには楽しく、ユニークに。

出し方を変えるだけで、出るものさえも、楽しく、美しくなるのです。

5 断ってみる

少し心やカラダの調子が優れないとき、わたしたちはすぐ「何が足りないのかな?」と考えます。でも、そもそも本当に「足りない」のでしょうか?

わたしはまず「何か多すぎるのかな?」と自分に問いかけます。それはストレスかもしれないし、清涼飲料水かもしれないし、食事の回数かもしれません。過剰なものを減らし、余計なものを出し、その上で足りないものがあるなら補給します。

「足りない栄養をサプリメントで補給しよう!」

そんなうたい文句で、コンビニでもドラッグストアでもどこでも気軽にサプリメントが買える時代になりました。ものにあふれた豊かな日本。雑食で飽食なわたしたちは、意識せずにいろいろなものを口にしています。でも何がお肉の作用で何がトマトの作用で、何がチョコレートの影響なのかはわかりません。

薬や化粧品なども同じです。化粧水、乳液、美容液と手当たり次第に肌に塗ったり、ドライアイだからと次々に新しい目薬を使ったり。そうすることで、驚くほどたくさんの〝よく知らない〟添加物を体内にとり入れているのです。

なにげなく摂取しているものを意識的に止めてみると、はじめて、そのものの効果がわかります。意識的にひとつのものを一週間から一〇日ほど断ってみてはいかがでしょう？　あなたにとって不要なものが、わかってくるはずです。

半年前の自分に合っていたものが、今の自分にベストかどうかはわかりません。今日は今日、明日には明日のベストな組み合わせがあるのです。

自分にはこれがいい、あるいはこれが合っていると決めつけず、今の自分に一番合ったものだけを、とり入れたいですね。

6 愛情の込もったものを食べる

カラダにとり入れたいのは、愛と光のエネルギーです。太陽の光をさんさんと浴びて育った食べ物、愛情を込めて作られたものを食べましょう。

わたしたちは、エネルギーダウンしているときほどジャンクな食べ物に惹かれたり、暴飲暴食に走ったりしがちです。不要なものを大量にとり入れることで、ますますエネルギーが弱まっていきます。

疲れているとき、今の自分を変えたいときほど、丹精《たんせい》込めて作られた料理や愛情を込めて育てられた野菜などを、ゆっくり、味わって食べましょう。

レストランに行くときも、あえていつもよりグレードを上げてクオリティの高い店へ。エネルギーの高い食べ物に波長が合ってくると、カラダにとってうれしくないものはほしくなくなってきます。パワーのある食べ物とそうでないものが、わかるようになるのです。

旬のものは、無理な加工がほどこされていないので、自然の恵みそのものです。春の味覚の山菜には排毒効果がありますから、食べれば冬の間にたまったものを出して、春仕様のカラダに変えてくれます。夏は適度に体温を下げる葉ものの野菜が旬を迎えます。

不要なものが体外に出て、よいエネルギーをとり入れると、たくさん食べなくても満足できるようになります。気の流れがよくなり、エネルギーが維持できるからです。

カラダが本来持っている自然治癒《ちゆ》力を目覚めさせましょう！

自然のパワーをとり入れる

自然のリズムと調和していれば、
心もカラダも浄化されていきます。
「忙しすぎて自然と触れ合う時間がない」
というあなたも大丈夫。
ちょっとした工夫で、毎日の生活に
自然のパワーをとり入れることができます。

1 朝日を浴びる

太陽光は、すべての色のスペクトルを含む最高のヒーリング&浄化エネルギー。古代の人々が太陽を神としてあがめたように、太陽の光の中には、すべての生き物を生かしている神々しいエネルギーが満ちています。

太陽の光とは、愛と幸せにあふれた生活のためになくてはならない自然の滋《じ》養《よう》であり、ポジティブさの象徴なのです。

そんな太陽のエネルギーを浴びる日光浴は、毎日できる手軽でパワフルな浄化方法です。

とくに早朝は、空気が澄んでいて、日光浴に最適です。

晴れた日の早朝に目を覚ますことができたら、それは最高にラッキーな朝！

窓際やベランダで、太陽の光に全身を洗われてください。

殺菌効果のある太陽のパワーを身にまとうことで、不浄なものを寄せつけない自分になります。


昼夜逆転の生活になっている人の多くは、何かしら不調を感じているものですが、これは自然のリズムと調和できていないことが大きな要因。朝日を浴びると体内時計が正常に戻り、本来のエネルギーが戻ってきます。

遮光《しゃこう》カーテンをつけている寝室では、自然光が入るように夜寝る前にカーテンを少し開けておきましょう。そして目覚めたらカーテンをすべて開け、太陽光のパワーを部屋に入れます。

もちろん、お昼の光もパワフルです。

職場が暗くて日の光が入らないという場合は、休み時間や休日にはなるべく外に出て、太陽の恵みをカラダいっぱいに受け取ってください。

朝の感謝行

太陽の光でオーラ全体を包む

すがすがしい気持ちで一日をはじめるために、地球の美しさ、宇宙の豊かさ、与えられているものへの感謝の行をしてみませんか？

1 朝8時までに、太陽または東の空に向かって立ちます。曇っている場合は太陽をイメージしてください。

2 太陽の光を、下から両手ですくうようにして、頭の上にかぶります。

3 頭上から手を左右に開いて肩の高さまでおろします。このとき、両手の指で如来印《にょらいいん》（親指と人差し指で輪をつくること）を結びます。

4 印を結んだ形のまま、手を顔の前に差し出すようにまわして、顔の前へ持ってきて合掌します。これで上半身が光で覆われた状態になります。

5 顔の前で合掌した状態で、お世話になっている人や守ってくれている人、自分自身や地球などに対して、感謝を唱えましょう。相手の笑顔を思い浮かべてください。
お父さん、ありがとうございます
お母さん、ありがとうございます
おじいちゃん、おばあちゃん、ありがとうございます
ご先祖様、ありがとうございます
家族よ、ありがとうございます
自分よ、ありがとうございます
地球よ、ありがとうございます
宇宙よ、ありがとうございます

6 唱え終わったら、合掌している手を前に差し出し、空気をかきわけるように、その手を背後に回します。

7 後ろ手につないだ手で、下半身の後ろ側をくるりと包むようにしてしゃがみ、足の下をくぐらせるようにして、前側に手を持ってきて立ち上がります。これで下半身も卵型に光で覆われた状態になります。

8 両手を丹田《たんでん》(おへそのすぐ下)に当て、カラダの中に太陽の光を収めます。このときカラダ全体が光のエネルギーで包まれ、丹田と太陽がピーッと光の線でつながったイメージをします。

9 仕上げに「今日もすばらしい一日になりそうです。いい予感がします!」と言ってニッコリ笑い、さあ仕事に家事に取り掛かりましょう!

2 海を見に行く

海は、地球上のすべての生命が生まれた場所といわれています。

わたしたちは、胎児《たいじ》のころ、ほのあたたかい母の羊水《ようすい》という海の中で育ちました。

体温に近い温度の海水に身を浸すイメージは、まるで安全な胎内《たいない》へ回帰《かいき》するような深いリラックス感をもたらします。


また、海には、強い浄化のパワーがあります。

万物の源である水は、和合《わごう》のエネルギーで、あなたのバランスを整えます。

海水に含まれたミネラルは、生命の維持や調整に不可欠な栄養素です。

海辺に広がる砂浜は、あなたの毒を吸い取ってくれます。

頭上に輝く太陽は、あなたにパワーを与えます。


海辺で過ごす時間は、自然の持つ浄化作用をまるごと浴びることができるスペシャルヒーリングです。水着になって泳がなくても、潮風に肌をなでられるだけで、充分浄化のエネルギーを受け取ることができます。


とくに、穏やかで明るい海は、あなたの心を明るく癒《いや》してくれるでしょう。

海に出かける時間がないときは、波の音やカモメやイルカの声が入ったＣＤを聴くのもよいでしょう。ヒーリング音楽のコーナーにありますから、お気に入りの音源を探してみてください。

海の音に癒されながら眠りにつくことで、まるで海辺で過ごす休暇のようにリラックスした朝を迎えられることでしょう。

3 お塩で清める

昔から、塩にはお清《きよ》めのパワーがあるとされてきました。神棚《かみだな》にはお塩が供えられますし、葬儀に参列した際には参列者に塩が配られます。

風水の世界でも、塩は万能の浄化アイテムです。

ときどき飲食店の玄関先や化粧室などに、「盛《も》り塩」がされているのを目にします。これは塩が不浄なエネルギーを吸い込み、その場を浄化してくれるという発想からです。

わたしも家のあちこちに盛り塩をしていますが、浄化目的で盛り塩をする場合は食塩ではなく、天然塩にこだわってください。また、インテリアとしてオ

ススメは淡いオレンジ色をしたヒマラヤ岩塩のソルトランプです。ムーディな上にマイナスイオンも出してくれるので、とても重宝しています。天然の塩には、すべての生き物を浄化してくれる神秘的な力があります。

塩は天然の洗剤でもあります。洗剤代わりに洗濯機に入れたり、歯磨き粉の代わりに使ったり、せっけんやシャンプーの代わりにもなります。ただし、素材や肌に合わない場合もありますから、試す場合は少しずつ。

海に出かけると身も心もジャブジャブと洗濯されたようにクリアーになることができますが、海水の塩水こそ、最高の浄化水。海は最高の環境が整った、自然の浄化装置といえるでしょう。

「今日は本当に疲れたから、カラダから不要なものをたくさん出したいなあ」

そんなときには、お風呂で湯船に海生まれの天然塩を入れましょう。好きな香りのするバスソルトでもＯＫです。海ほど濃度を高めなくても、塩を加えた湯船で充分スッキリした気持ちになれるはずです。

4

雨を見つめる

雨は、地球の浄化作用のひとつです。

雨水は空気中のホコリやゴミをまるごと包み、大地や川や海へと流れ込み、循環していきます。ときにはその激しさで大きな被害をもたらすこともありますが、雨がなくては作物は育たず人が生きていくこともできません。雨とは、恵みでもあります。

雨が降ったあとにもたらされる澄み切った空気は、爽快《そうかい》そのもの。台風一過のあとの空の高いことといったら！　見上げていると自分もクリアーに浄化されそうです。

雨の日には、なんだか気が重くなり、出かけるのがおっくうになるという人もいますが、それはあなたの中にある不要なものが表に出てくるからかもしれません。雨が、地球と一緒にあなたを浄化してくれているのです。

そんな日は無理をせずに、雨音を聞きながらゆっくり過ごしましょう。手紙を書いたり、普段はゆっくり書けない日記を書いたり。雨の日は、気持ちを整理するのに向いています。

ときどき窓の外に目を向けて、雨をじっと見つめてください。雨と一緒に、あなたの中から不要なものが流れていくのを、感じることができるはずです。

5 土に触れる

砂風呂、というものをご存じでしょうか？

頭部以外をすべて砂の中に埋めてしまうものです。夏のバカンスが盛んな海外のビーチリゾートでは、よく見られる光景ですよね。日本でもいくつかの温泉施設や砂浜で楽しむことができます。

土には解毒の作用があり、土にすっぽり埋まることで、体内の不要物が排出されていくのです。


砂風呂に入らなくても、土の浄化作用を味わう方法はあります。

海水浴に出かけると、砂地を歩いた足の裏がサラサラになって、なんともいえない爽快感《そうかいかん》がありますよね。これは、土の解毒作用のおかげです。

足の裏や指先は、毎日窮屈《きゅうくつ》で暗い靴の中に収められ、不要なものがたまりがちです。ときには裸足になってじかに大地を踏み、子どものように過ごしてみるのもよいでしょう。

また、ガーデニングや陶芸《とうげい》などで土に触れるのもオススメです。しっとりぬれた、栄養豊かな土の感触を楽しんでください。

食事のときには、陶器の食器を使うようにしましょう。出来合いのお弁当やお総菜ばかりだと、なんだか心がすさんできますが、これは何も味や栄養だけの問題ではありません。プラスチックなどの使い捨て容器から、陶製の器に移して食べるようにしましょう。土の作用が陶器を通して伝わってくるでしょう。

6

満月の光を浴びる

満ちる月は、強い浄化のエネルギーを持っています。

だから満月の日は、絶好の浄化デー。満月をながめながら、このひと月の出来事を、静かに思い返してみましょう。新しいはじまりのために、古い出来事に区切りをつけることが大切です。

また、産婦人科や助産院では、なぜか満月の日に子どもが生まれやすいといいます。

さらに満月になると、月経がやってくるという女性も多いようです。月経は月に一度、カラダが大掃除をしているようなもの。女性にとって大切な「浄化の儀式」です。

カラダが掃除に専念できるように、月経の間はできるだけ安静にして、隠やかに過ごすようにしましょう。頭や目を酷使する仕事はなるべく避けてください。お風呂は体力を使いすぎない程度に軽めに入り、カラダのヨゴレは落とします。夕食は満腹になるまで食べたりせずに夜も早めに休むこと。

どんな変化が起こっているのか、カラダからのメッセージを受け取るのにぴったりの期間です。

次ページで、満月のパワーをより強く受け取るための浄化儀式をお教えしましょう。

満月の日の浄化儀式

1 部屋を少し暗くして、静かにイスやソファに腰掛けます。
床にあぐらをかく姿勢でもOK。

2 細く長く深く呼吸し、自分の呼吸に集中していきます。
丹田《たんでん》（おへそのすぐ下）にまで息が入っていくイメージで何度か繰り返してみましょう。

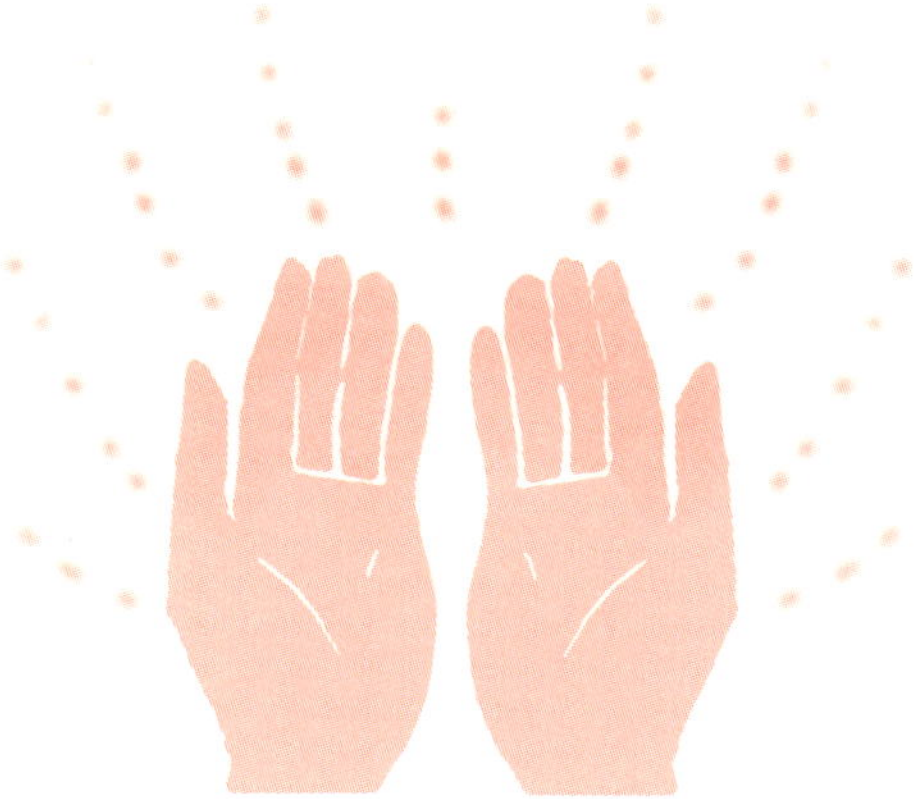

3 息が深く吐けるようになったら、手のひらに意識を向けてください。呼吸に合わせて、手のひらや指先から、気が出て行くのを感じられるでしょうか。慣れないうちは、チリチリ、ピリピリ、じんわりといった微細な感覚です。

4 カラダの気になる場所に自分の手を当ててください。当てているだけで手のひらから癒しの気が出て、その部分が熱くなり、気の滞《とどこお》りが浄化されていきます。

7 キャンドルを灯《とも》す

火は、陰陽五行《いんようごぎょう》の元素のひとつ。よどんだ「気」を燃やすパワーがあります。

ケンカして言い争った。
愚痴や悩みをぶちまけてしまった。
会議や打ち合わせで、険悪な雰囲気になった。
なんだかどんよりした雰囲気が漂っている。

そんなとき、キャンドルの火を灯《とも》すだけで、よどんだ気が燃やされ、その場

をクリアーにすることができます。

実際、人が悩みを打ち明けるカウンセリングルームや、占いの館、飲食店などでキャンドルが活用されていますが、これは単なるインテリアやムードの演出以上の意味があると考えられます。

火のゆらぎは、なぜか見るものをとらえて離さない、不思議な魅力を持っています。ゆらぎについての研究によると、「1/fゆらぎ（エフぶんのいちゆらぎ）」というものがあります。自然の規則性の中にランダムな動きがあり、それを見る人の脳はリラックスし、癒《いや》しを感じるのだそうです。

オール電化の進む日本では、日常の中で火を見かけることはずいぶん少なくなってきました。安全性の問題から、焚《た》き火のできる公園も減少する一方です。

でも、火のエネルギーはわたしたちにとってなくてはならないもの。なんだかスッキリしないときはお気に入りのキャンドルに火を灯し、炎と一緒にモヤモヤも燃やしてしまいましょう。

8 キラキラしたものを見る

キラキラ光るものを見つめていると、次第に明るい気持ちになれるから不思議です。心の中にも光が差してくるせいでしょうか？

暗い気持ちになりがちなとき、愛よりも恐れが心の中を占めてしまいがちなとき……。そんなときは、キラキラしたものを並べているお店へ、光を探しに出かけませんか？

わたしはこれをウィンドウショッピングならぬライトショッピングと呼んでいます。

自分の心の中に光明が見えにくいときほど、このライトショッピングの効果

は絶大。ダイヤモンドなどを扱った高級ジュエリーショップや、きらびやかなディスプレイを競い合う百貨店のショーケースなどは、キラキラの宝庫です。

同じ効果で、照明用のライトや自然光をうまく取り入れて、シャンデリア、ガラス、よく磨かれた鏡などをディスプレイに使ったお店や美容院などは、心をクリアーにするのを助けてくれます。

お部屋のライトが暗くなっていると、気持ちも暗く沈みがちです。シェードのホコリをはらって電球をワンランク明るいものに変えて、ライトアップされた自分に出会いましょう。

もともとキラキラした小物やアクセサリーが好きな方は、自分のためのキラキラ宝石箱を引き出しに忍ばせておくのも効果的です。

また、普段なら派手かなと遠慮してしまいそうなスワロフスキーいっぱいの華やかネイル、指に輝くリングなども、光とキラキラを携帯する方法として、オススメです。

9

水晶を身につける

曇りのない気持ちでいたいとき、やることが山積みになってどこから手をつけたらいいのかわからないとき。わたしはいつも水晶の力を借りています。透きとおる丸い玉を見つめていると、次第に心が落ち着いてきます。わたしは常に水晶のブレスレットを身につけていますが、これは装飾品《そうしょくひん》というよりはお守りに近いものかもしれません。

水晶は、場や心の浄化を手助けしてくれる石です。

前が見えなくなったとき、本当にしたいことがわからなくなったとき、表面を磨かれた水晶は、とてもパワフルにあなたを助けてくれます。

何の色も持たずに、光をただ受け入れて反射している石のありようを見ているうちに、自分の心が水晶のように透きとおっていくのを感じるはずです。

昨年の夏、わたしは多少服のコーディネートと合わなくてもおかまいなしに、丸い水晶のペンダントばかりしていました。そしてある日、ふらりと立ち寄った近所のギャラリーの店主は、そのペンダントをじっと見つめていいました。

「あなたは、今、心をクリアーにしたいと思っているのでしょう？　透明の石やガラスは、自分の心をしっかり見つめたい、そしてクリアーにしたい人に選ばれるものです。気になる石やアクセサリーを選ぶ行為そのものに、その人の心があらわれているのですよ」

当時は、夫の体調が優れない時期で、ともするとわたしは気分が落ち込みがちでした。「そうか、この透明感がわたしの心をクリアーにしてくれるから、それでこの石を身につけたくなるのね」。指摘されてはじめて、自分の心模様に気が付きました。

浄化を促すプチ習慣

ちょっとした行動で、
あなたにとって不要なものとサヨナラすることができます。
「もしかして、たまってる？」と思ったら、
今すぐこの章の項目を、何かひとつ実行してみてください。
きっとスッキリするはずです。

1 無垢な瞳を見つめる

最近お疲れモードだなあというときは、お友だちや親戚の赤ちゃん、通りすがりの赤ちゃんや子どもの瞳を見つめて、にっこりとほほえんでください。その瞬間、彼との昨夜のケンカや、上司の小言、なぜかわからないイライラした気持ちなどが、吹き飛んでしまうはずです。

人は、人の鏡です。

わたしたちは目の前の人やものに、自分の中にあるものを投影して見ています。

純粋で無垢な赤ちゃんを目にすると、多くの人が自然に笑顔になるのは、赤ちゃんという鏡に自分自身のピュアさを発見しているから。わたしたちがとてもピュアで美しく、世界を信頼している存在だと、再確認させてくれるからです。相手から美や愛をもらわなくても、あなた自身の内なる美や愛に気が付くのです。

自分自身のピュアさや美しさを再発見したいときは、ピュアで美しいものに触れるようにしましょう。目のキレイな人、心のキレイな人、優しい人、愛にあふれた人に会って、あなたの中の愛を補充しましょう。

2 ぶらぶら揺らす

自分の中にわき起こったネガティブエネルギーを抜く、とても簡単な方法があります。カラダをぶらぶら揺らすのです。

これだけでカラダから不要なエネルギーが出て行きます。どこでもできる簡単厄《やく》落《お》としです。そしてこれには、効果的に行うためのコツがあります。

まず肩幅くらいに足を開いて立ち、軽くひざを曲げ、頭から指先まで、関節という関節をゆるめてカラダ全体をゆすります。このとき骨と骨の間からヨゴレたエネルギーが振り落とされるのをイメージしてください。可能でしたら少しかかとも上げ下げしましょう。

フルフルフルフル…！　ぶるんぶるんぶるんぶるん…！

このとき「あ〜！！　出た〜！！！」と実際に声に出してみましょう。

ネガティブエネルギーは、関節や内臓、筋肉の中にたまるといわれ、とくに東洋医学では、怒りは肝臓《かんぞう》に、悲しみは腎臓《じんぞう》にたまるともいわれます。ふくらはぎや足のつけ根、肩甲骨《けんこうこつ》付近など普段の動きでは動かしにくい場所は、とくにたまりっぱなしになっている可能性があるので、意識して動かしてみましょう。

しばらく揺らしていると、周りの空気がよどんできますので、室内の場合は窓を開けてきちんと換気してください。なんだかおかしくなって、笑いが出てきたら終了です。

ダンスやジョギング等のスポーツもやはりカラダを揺らすので、ネガティブエネルギー抜きになります。運動がストレス解消になるのはそのためです。

3 禊（みそぎ）する

日本の風呂は、禊《みそぎ》からはじまったもの。水の力を借りてカラダを清めることで、心も清められます。

お風呂でカラダを洗うのは、汗や皮脂《ひし》を洗い流すためだけではありません。一日を過ごすうちにカラダのあちこちにたまってしまったネガティブなエネルギー（怒り、心配、恐れなど）や、昼間にあなたのオーラにくっついてしまった他人のエネルギーなども、すべて洗い流してしまう絶好のチャンス。

キレイなカラダになって眠りにつくためにも、一日の終わりにはしっかりお風呂に入りましょう。

身も心も清める浄化風呂に一番大切なのは、不要なものをすべて洗い流します、という気持ちです。

「○○を見たときのイヤな気分、さようなら〜」とジャブジャブ。

「忘れたいあのひとこと、洗い流します！」とザッパーン！

いらないものはすべて、ありがたい水の力で排水溝に吸い込まれていきます。

また、自分を美しくするための入浴には、入浴後に同じくらいの時間をかけてゆっくりと休息することが大切です。湯上がりにすぐさまパジャマを着込んでメールチェックをしたり、仕事や家事に取りかかったりしてはいけません。

できればホテルで使うような厚めのバスタオルに全身を包み、汗が引くまで目を閉じて、照明を落とした部屋でゆっくりと横になりましょう。まるでおくるみに包まれた赤ちゃんのように、深いリラックス感がおとずれます。

4 足をいたわる

あなたは普段、足に愛を注いでいますか？

夢をかなえるために欠かせないのは、なんといっても行動すること。そして足は、毎日黙って活動全般を支えてくれているありがたいカラダの一部です。

足は、全身の中でもとくにネガティブエネルギーがたまりやすい場所だといわれていますが、それもそのはず。都会で働く多くの足は、長時間にわたって暗くてじめじめした靴の中に押し込められ、窮屈《きゅうくつ》な思いをしています。でも、働きの割にはあまりいたわってもらえません。

歩きながら足先が痛むときや、靴がきつく感じるときなどは、「自分の足も

とをしっかり見つめましょう」という足からのサイン！「今後、どうしていこうかな？」と自分の進む方向や足場を確認するのに最適のタイミングです。

こんなときにオススメなのが、ちょっとした足湯タイムを持つことです。

やり方はとても簡単。普通の洗面器に少し熱めのお湯を張って、両足首までお湯につかり、軽くマッサージするだけです。たったこれだけでも、ものすごく気持ちがよく、終わったあとの爽快感《そうかいかん》はたまりません。

わたしは、外出から戻ったときのリラックスタイムに行うことが多いのですが、足だけに意識を集中する時間をとることで、その日行った場所、会った人や話したことなど、一日の出来事があれこれ頭に浮かんできて、足からいろいろなメッセージを受け取ることができます。

毎日していても、びっくりするほどお湯が白濁《はくだく》するので、「いらないものがこんなに出た！」とうれしくなってしまいます。

最後は、ありがとうをいってお湯を捨てましょう。

5 絵を描く

子どもは絵を描くのが大好きですよね。クレヨンや色鉛筆を使って、紙にはもちろん、目を離したらふすまにも床にも色や線を描きつけていきます。心のままに行うアートは、ストレートな自己表現の手段です。

大人になると、子どものころよりボキャブラリや表現力も増えているはずなのに、自分の気持ちが表に出ない、あるいは出せない人が増えていきます。

自分自身をうまく表現できない……そう思ったら、ぜひ文具店や百円ショップでクレヨンと画用紙（白いノートでもＯＫ）を買ってきて、思うままにクレヨンを動かしてください。

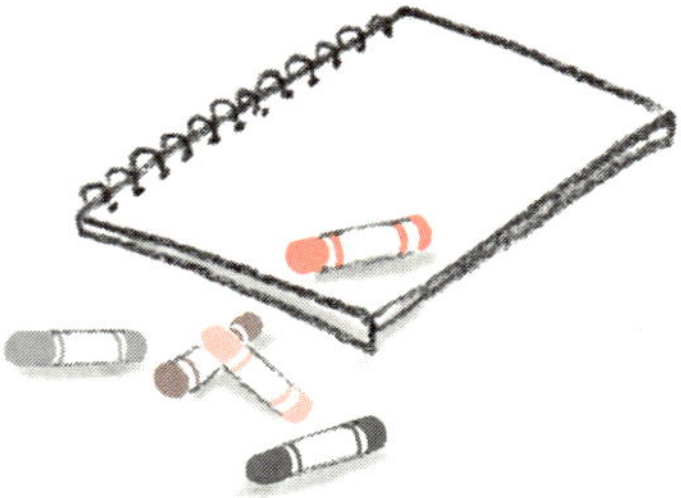

うまく描けなくてもOK。

落書きやとんでもない大作になってもOK。

目の前に出てきた絵は、あなたの心からのメッセージでありラブレターです。

モヤモヤやイライラ。

怒り、不安、心配、嘆き。

ヨロコビ、ワクワク、ドキドキ…。

心の中にあったけれどつかみ切れなかったものを絵や色という目に見える形であらわすことで、距離をおいてとらえることができるようになります。

自分の中にどんな感情があっても、それを拒絶したり無視したりする必要はありません。

「ふうん。こんなものがわたしの内側にあるんだなあ……」

ただ、そんなふうに感じてみるだけでいいのです。

そのうち、自分の描くものがいとおしくなってくるかもしれませんよ。

6

ぬり絵をする

「絵なんてもうずいぶん描いていない」「何を描いていいのかまったくわからない」という方にオススメなのが、ぬり絵です。

ぬり絵は一見単純な子どもの遊びのようですが、実は高いアートセラピー効果があり、リラックスや心の浄化にとても役立ちます。色選びやタッチには、その日の気分や体調、気がかりなことなどが、素直にあらわれます。同じ絵柄でも二〇分でぬり終える日があれば、倍の時間がかかる日もあります。

赤い色を激しくぬりたいときは、怒りや燃える感情がくすぶっているのかもしれません。ピンクを丁寧にぬりたいときは、誰かを愛したり愛されたりした

いのかもしれません。

ぬり終わったらその絵をじっくり見てみましょう。何か思い浮かぶことがあったらメモしておくと、問題解決のヒントが得られるかもしれません。

最近は、大人のためのぬり絵が充実していますが、とくにオススメなのが曼《まん》荼羅《だら》ぬり絵です。

曼荼羅とは、宇宙の概念図。仏教やチベット密教などでおなじみの図柄は、世界中で瞑想《めいそう》や宇宙観をあらわす場合に使われています。中心から同心円状に広がっていく文様は、花や水の結晶、太陽系の星の配置など自然や生活の中でもよく見かけますよね。

曼荼羅に色をぬることで、一種の瞑想状態となり、自分自身の心の中やエネルギーの状態に関する気づきが得られます。P166に曼荼羅のぬり絵を、P156に浄化に効くカラーリストを掲載しています。色の持つ意味を探りながら、あなたの心模様を曼荼羅にあらわしてください。

7 新しい色を身につける

英語で人間をあらわすヒューマンという言葉は、色（ヒュー）の人（マン）という意味です。わたしたちの本質は光、すなわち色であるといわれています。宗教画や仏像など、昔から絵画や彫刻で聖者や精神的指導者を表現する場合には、頭上に円状に輝く光が描かれていますよね。人はみんな内側から光を放っていて、それをオーラとして見たり、色として感じたりする人もいます。日本語でも、惹《ひ》きつけられる魅力がある人を指して「色気がある」といいますね。

色は人を癒《いや》し、元気にします。

あなたのワードローブの中には、虹の七色がすべて含まれていますか？

青系は好きだけど赤はほとんど着ない、そういえば秋冬物で黄色は持っていない。そんな色があったら、ぜひその色にチャレンジしてみてください。色は、副作用の少ない薬のようなもの。使っていない色ほど、内面のバランスを整え、あなたの魅力を引き立てる可能性があります。長年身につけなかった色が案外、今のあなたを劇的に変えてくれる色なのかもしれません。

ピンク色と一口にいっても、黄色みの強いコーラルピンクやサーモンピンクから、青みの強いショッキングピンクまでさまざまです。顔色がパッと映える、今の気持ちにぴったり合った色を選んでください。インテリアやメイク、花やアクセサリーなどに、新しい色をとり入れてみるのもよいでしょう。

ただし、色が氾濫《はんらん》した部屋は、正常な心やカラダの働きを邪魔することもあります。掃除や片付けをするときには、不要な色を視界から片付けることも大切です。目につくものを引き出しやボックスに収納して見えなくするだけで、不思議なほど物事に集中できるようになります。

8

白いモノを使う

浄化の色というとやはり「白」でしょうか。

色彩心理では無垢《むく》、純真、フレッシュさなどを象徴する白ですが、花嫁衣裳や巡礼の白装束《しろしょうぞく》などにも使われるとおり、たましいの再生（リバース）を喚起させる色でもあります。

白を好む人は、いつも新鮮でいたいと願い、努力する傾向があるとのこと。あなたも、気分を一新しようと白い服を新調したことがありませんか？

どんなことも可能だし、何でもできる。いつからでもやり直せるし、生まれ変われる。白は、そんな可能性を感じさせてくれる色。「白紙に戻す」という慣用句もありますが、何かを一からはじめたいときやリフレッシュしたいとき、白が気持ちよく感じられるときがあります。

女性の肌を若く健康に保つのにオススメなのは、白い色のランジェリー。白はあらゆる光を反射し、また透過する色ですから、白い下着はカラダに必要な色のエネルギーを吸収しやすいというわけです。

また、白は心や頭を掃除するのにもとても便利。

たとえばわたしはＡ４サイズの白いコピー用紙が大好きで、頭の中の考えを整理するときや企画を考えるときには、必ずこれを使います。思い込みや慣習に縛られずに発想を広げるには、他の色でなく白の紙が心地いいのです。

そういえば、画用紙もキャンバスも葉書も白ですね。幼い子どもも書きかけのノートよりも新しい真っ白なノートに落書きをしたがります。

人が思いのたけを表現するとき、白はそれらを上手に受け止めてくれる色なのかもしれません。

9 場所を変える

仕事で煮詰まってしまったときや、パートナーとの話し合いが進まなくなったとき。できれば場所を変えて、一度仕切り直しをするのがオススメです。

今座っていた席や場所を離れて、違う場所に出かけましょう。

思わぬアイデアがわいてきたり、発想が自由になったりして、物事が大きく進展する可能性があります。

たとえば、わが家にいるとなかなか旅行の予定を立てられないとか、読みたい本がなかなか読めないとか、手紙の返事が書けないとか。そんなときは、近所のカフェやファミリーレストランなどに行ってみてください。

仕事がはかどらないときも、ちょっと屋上に出て外の風を感じたり、近くのコーヒーショップで一杯のごほうびを楽しんだりすると、気分が変わります。

わたしたち人間は、誰もがいろいろな過去の記憶を持ったまま生きています。それがその人の思考パターンとなって、行動のすべてを左右しています。実は、家や空間も同じで、過去の出来事を記憶しているのです。

謝ろうと思っていたのに、家に着くなりパートナーと言い合いをしてしまう、掃除をするぞと意気込んでいたのに、部屋に戻るとやる気をなくしてしまう……。

その理由のひとつには、部屋や空間が持っているエネルギーがあります。

「旅行の計画を立てるなら、このカフェ」

「読書をするなら、この公園のこのベンチ」

「彼との会話を楽しみたいときは、このレストラン」

そんなふうに、用途に合わせて場所やお店を使い分けるのも楽しい方法です。

10

高いところに登る

なんだかムカムカして、早くその気持ちとさよならしたい!!

イヤなことは早く忘れて、数分前の穏やかで優しい聖母マリアのような自分に戻りたい！

こんなとき、もし身近に高いところがあったら、とりあえず登りましょう。

ビルの屋上や上層階、山の上、高台などから街を見下ろすことができたら最高です。いつもより見晴らしのよい場所や視線の高いところに立つと、視野が広がり、心がおおらかになります。

「人生最大の問題」くらいに思っていたことが、案外たいしたことではないと

気づいたり、自分が渦中《かちゅう》にあった揉《も》めごとが、他愛のない子どものケンカのように感じられたり。少し視点を変えるだけで、客観的なあなたに戻ることができるのです。

ついさっきまでのあなたが「井の中の蛙《かわず》アイ（eye）」だとしたら、今のあなたは「神様アイ」で世の中を見ています。自分を含めて世の中すべてがかわいらしく愛《いと》しく感じられたらしめたものです。

身近に高い場所が見当たらないときも大丈夫。幽体離脱《ゆうたいりだつ》するように、高いところに意識を飛ばします。「こんなとき、神様だったら、なんていうだろう?」そんな気持ちで目を開いたら、もうあなたは神様アイを手に入れています。

あなたが尊敬する人を思い浮かべるのもオススメです。「こんなとき、あの人だったら、なんていうだろう?」「あの先生なら、どう考えるのかな?」

尊敬する人の言葉をリアルに口真似しながらイメージしてみると、驚きの解決策がもたらされるかもしれません。

11

「気になること」をメモする

すんなり寝る気持ちになれなくて、つい夜更かしをしてしまうような日があります。どうもスッキリしない理由は、何かがつまっているから。真っ白なノートを開いて、ちょっと思いめぐらしてみましょう。あなたは今日、いったい何を手放しましたか？

人に会って相手が喜ぶ情報を教えたなら、情報を手放しています。

誰かに心を込めて手紙を書いたなら、愛のメッセージを手放しています。

昼間届いた請求書の代金を払ったなら、お金を手放しています。

もしかしてスッキリしない日というのは、汗をかいていないし、大声も出し

ていないし、思い切り笑ってもいなければ、大事なことを伝えてもいないし、モノづくりに時間をとってもいない。台所に洗い物がそのままで、腸にはガスがたまったりしていませんか？

そうなると、完全にアウトプット不足です。

とりあえずバッグの中を見て、もういらないメモの類《たぐい》があったら捨てましょう。あるいは冷蔵庫の中の古い野菜を処分して、ポストに入っていたチラシやダイレクトメールはゴミ箱へ。返信の必要なメールの一通も出してみると、案外それだけでスッキリした気分になることがあります。

あなたの中にたくさんの感情が渦巻いていて気持ちが晴れないのなら、ノートに向かって、「気になっていること」を箇条書きにリストアップしましょう。これは脳のお掃除です。

気がかりな件を頭の中からノートへと移すだけで、気分よく眠りにつくことができますよ。

12 テレビを消す

人の噂話や批判・非難などが日常茶飯事となっているメディアでは、毎日のように心が曇ってしまうような言葉と考え方が発信され続けています。

ポジティブなエネルギーとネガティブなエネルギー、あなたが受け取っているものはどちらですか？　目や耳から入ってくる情報を選ぶことは、心身をクリアーに保つためにとても有効な習慣です。

垂れ流しになっている音や映像を無作為《むさくい》に受け取っていると、それはカラダに合わないエネルギーを大量に吸収しているのも同じこと。消化不良を起こしてしまっても当然です。カラダが欲している食べ物を選択するように、目や耳から入ってくる情報にもあなたなりのフィルターをかけましょう。

見たいものや知りたい情報がないときは、テレビの電源を切り、インターネットから離れてパソコン画面を閉じる勇気を。とくに体調が優れないときは、情報収集に向きません。

人とのおしゃべりも、同じです。愚痴大会になっている場には、ネガティブなエネルギーが渦巻いています。付き合いで同席しているうちに、あなたのオーラまで曇らせないためにも、そこそこで退出してしまいましょう。

もっといいのは、あなた自身がポジティブなエネルギーの発信地になること。笑顔を忘れず、明るい話題を選びましょう。愚痴や悪口も、方向性を変えれば現状を改善する力になります。「どうしたら、もっとよくなるかな?」と、前向きな方向に導いてください。

少々のネガティブエネルギーには負けないくらいのポジティブエネルギーを発揮してください!

13

お財布のレシートを抜く

お金の流れをクリアーにするために、お財布の中はできるだけスッキリさせましょう。お財布がお金の家だとすると、レシートでいっぱいの財布はゴミをため込んでいるのと同じこと。それではお金が逃げ出したくなってしまっても、仕方がありません。

わたしたちがキレイな家に住みたがるように、お金もキレイな環境に住みたいもの。ハードユースのお財布がそろそろ古くなってきたら、お金のおうちは住み替えどきです。せめて二年に一度は新しいものに交換してあげると、お金はいっそう入ってきやすくなります。

風水では、金運のよい財布の形は長財布であるといわれています。これは、お金を真っ二つに折りたたまないため。カラダを充分伸ばせない環境では、諭吉さんたちがエコノミー症候群になってしまうから、ということでしょうか。

わたしは知人の風水師からこの話を伺って、深い緑色（オススメの色は諸説あります）の長財布に変えたところ、その直後に当時の月収が倍になりました。以来ゲンを担いで、買い換えるときにはいつも緑色の長財布にしています。

また、新しい財布を購入するときは、お財布にお金の運気をつけるため、自分よりもお金に好かれていそうなお金持ちの人からプレゼントしていただくか、代わりに買ってもらうのがよいようです。

さらにお金との関係を大切にする人に話を伺うと、お金を流水で洗い、ぼろぼろのお札は銀行などですべて新券に換えるのを習慣にしているそうです。

お金にとっては、その方のお財布は極上スパのようなものでしょう。一葉さんはもちろん、英世さんもこぞって入ってきたがるに違いありません。

14

お金と気持ちよく別れる

お金は天下の回りもの。
去っては行くけれどもまたやってくる。
戻ってくるときは、さらにお友だちを連れてくる。

お金はエネルギーだと、よくいわれていますよね。
お金そのものにいい・悪いはなく、どのように受け取り、流していくかが大切。幸せなお金の使い方をするか、それとも悲しいお金の使い方をするかは、わたしたち次第ということになります。

わたしは節約マニアのようになっていたときがありました。同じ大根なら、八百屋さんを数軒回って一円でも安いお店で買う！　といった具合です。お金を使うのが悪いことであるような気持ちを無意識に持っていたのだと思います。でも、出て行かないことばかりにとらわれていると、入ってもこないのです。お金に困ることはないけれど、面白みもない、味気のない生活でした。

そんな生活が変わったのは、「ありがとう」という気持ちでお金を使い「ありがとう」という気持ちでお金を受け取るようになってからです。

丹精《たんせい》込めて作られた野菜にありがとう。美しいお花にありがとう。ステキなアクセサリーにありがとう。

自分にとって心地よいエネルギーを交換するものとしてお金を活用すると、いつも「ありがとう、またね！」「次はお友だちをたくさん連れて戻ってきてね！」と思えるようになりました。すると、いつの間にか収入も増えていったのです。

15

カラダにおいしく食べる

食べ物には、陰陽《いんよう》があり、カラダを温める性質のものと冷やす性質のもの、中庸《ちゅうよう》のものがあります。

医食同源《いしょくどうげん》の考え方や漢方が発達している中国では、ごく最近になるまで冷たい飲料水を飲むことは御法度《ごはっと》でした。ビールでさえ冷やさずに常温で飲まれていたそうです。うるおいがほしいからといって、冷たい水をガブ飲みするのがその人に合っているとは限りません。カラダを冷やさずに、水分をしっかり摂ることが肝心《かんじん》です。

たとえば緑茶はカラダを冷やす陰性の飲み物なので、摂りすぎは禁物です。

ごくごく飲むなら陽性の三年番茶《さんねんばんちゃ》。あるいは刺激の少ないミネラルウォーターがオススメ。もっともカラダに優しいのは、水を三分の一くらいになるまで煮詰め続けた白湯《さゆ》だといわれています。

また、中華料理には油を分解するウーロン茶が合いますが、胃腸の弱っている人には刺激が強いといえるでしょう。

消化吸収を司《つかさど》る腸は、浄化と深いつながりのある器官です。アレルギーなどの症状がある場合は、暴飲暴食になっていないかを見直してみると治癒《ちゆ》のヒントになるかもしれません。腸をいたわり、腸に負担をかけない食事を心がけることで、栄養の吸収をさまたげていた宿便《しゅくべん》ともさよならすることができます。

たまにはプチ断食や少食を取り入れると、腸の動きが活発になり、お掃除をすることができますよ。

空間を浄化する

キレイな心とカラダは、キレイな空間から！
家や部屋、オフィスなど、
あなたの周りの空間を浄化することで、
あなた自身も浄化されていきます。
クリアーな空間で、
クリアーなあなたを取り戻しましょう。

1 過去を一掃する

環境をエネルギー的に整えて、よい気を呼び込もうとするのが風水の考え方。そして風水の基本は掃除。よい気はキレイな場所に入ってきます。

昨今のお掃除ブームが示しているように、部屋は心の投影。部屋を片付けると心が片付くというのは、誰もが無意識にわかっていることですよね。環境と自分を浄化するため、まずはためている不要なゴミを出しましょう。

押し入れやクローゼットに一～二年そのままのものがあったら即処分を。元彼との思い出の品や昔の仕事の資料など、明るい未来のために不要なものは思い切って捨てることです。

処分の基準は、それを見たときうれしい気持ちになるかどうかが第一です。両親の愛情があふれるアルバムなどは、そばにおいておきたいもの。何度も見て幸せな気持ちになれるものかどうか、持ち物と向き合ってみましょう。

逆に目に入るたびに不愉快なものに囲まれて生活しているとしたら？　潜在《せんざい》意識にどれほどネガティブな影響が刷り込まれていくか、想像するだけでも怖くなります！　即刻処分しましょう。

どうしてもつらい思い出がよみがえる部屋、いてもうれしい気分になれない部屋なら引越しするのもひとつの解決策です。

ただ、不思議なことにネガティブな気持ちのまま物件探しをすると、あまりよい出会いがないものです。まずは今いる場所をできるだけキレイにして、自分自身を浄化した上で引越しを再検討してみましょう。

心がクリアーで楽しい気持ちのときほどよい出会いがあるのは、家も恋愛も同じです。

2 神様をおうちに呼ぶ

あなたにとってお気に入りの場所、あるいは出かけるといい気持ちになれる場所はどこですか？

わたしは特定の宗教を信仰しているわけではありませんが、神社仏閣が大好きで、出かけるたびにおごそかですがすがしい気持ちになれます。ほかにも、美術館や温泉施設、見晴らしのよいホテル、友人のおうちなど、お気に入りの場所がいくつもあります。

ちょっと落ち込んだとき、なんだか元気がないとき、そんなお気に入りの場所に行ってしばらくぼーっとしていると、気持ちが晴れてきます。切れかけた

パワーが充電されて「またがんばろう」と思えるのです。わたしにとってのパワースポットです。

こうした場所をわたしは密《ひそ》かに、「神様のすみか」と呼んでいます。実際、小さな神様がどこかに住んでいて、そこに住む人や訪れる人を、守ってくれているような気がします。

できれば自分のおうちにも、神様に住んでもらいたいと思いませんか？

きちんと手入れが行き届き、愛情とともに清《きよ》められている場所は、きっと神様にとっても気持ちがいいはず。

朝起きたらまず換気をして、部屋全体に空気の流れを作りましょう。新しい気の流れによって、よどんだ気が流されて浄化されていきます。こまめに掃除機やぞうきんをかけて、部屋からホコリを追い出しましょう。

愛情を持って清めるうちに、ひょっこり神様がやってきて、住みついてくれるかもしれません。

3

机の上を片付ける

真っ白な気持ちで何かに取り組みたいとき、目の前の空間が開けていることはとても大切なこと。

あなたのお気に入りのデスクやテーブルの上は、スッキリと片付いていますか？　職場の床に段ボール箱が積んであったり、足もとに資料やバッグが置かれたりして、平面が見えなくなっていませんか？

旅行のプランを考えたり、新しい仕事についてイメージしたりするときは、目の前に広いスペースを確保しましょう。楽しいイメージがどんどん浮かび、ひらめきが生まれやすくなります。効率が上がり、質のよい仕事ができます。

人は、額《ひたい》の向こうに、さまざまな未来のビジョンを思い描きます。見えなくても、頭の前方には映画のようなめくるめくイメージ（妄想？）が広がっているのです。その空間が狭く閉ざされていたら、せっかくのイメージの翼も自由に広がることができません。

机やテーブルがどうしても片付かないときは、カフェやファミリーレストランなどに出かけて、集中してイメージを膨らませるのもオススメです。ものが多くて発想が自由になりにくいところで三時間考えてもなかなかアイデアはわかないものですが、見通しのよいカフェなら五分で名案が飛び出すかもしれません。

広大なアイデアは広々とした空間から、クリアーな視点はクリアーな空間から生み出されます。

4 ゴミ箱を空にする

一日オフィスで仕事をすると、ゴミ箱がいっぱいになりませんか？　ひとつの仕事が片付くたびに、新たなゴミが生まれます。同じように、おうちにいても料理をするたび、掃除をするたびに、新しいゴミが生まれます。つくづく、人間はゴミを出さずにはいられない存在なのね、と思います。

　地球のためにもできるだけゴミは少なくしたいと思いますが、わたしは出たばかりのゴミというのはキライではありません。付箋の束やケシゴムのカス、シュレッダーにかけられた書類、タマネギの皮や椎茸《しいたけ》のへたは、その日がんばって活動した証《あかし》でもあります。

でも、ゴミを放っておくと、とたんに重苦しい雰囲気が立ちこめます。ゴミの波動が周囲に蔓延《まんえん》してしまうせいかもしれません。

さわやかな朝を迎えて朝食の準備をというとき、生ゴミがいっぱいだったら？　今日もいい仕事をするぞと「おはようございます！」と会社に来たとき、デスク脇のゴミ箱がすでにいっぱいだったら？

なんだかやる気をなくしてしまいますよね。

わたしが社会人になってお世話になった勤め先は二箇所ですが、そこに共通していたステキな習慣が「一日で出たゴミを終業前にすべてまとめて出す」ということでした。オフィス、トイレ、キッチン、社長のデスク横のゴミ箱、ミスコピーの山などなど。一日の出来事を反芻《はんすう》しながらゴミをまとめて歩く時間は、少しめんどうなようで、実はとても重要な儀式だったのです。

一日の終わりに、ゴミをすべて捨てましょう。

ゴミ箱を空にすると、明日への活力がわいてきます。

5 柏手（かしわで）を打つ

美しい音や音楽は、その場や耳にする者のエネルギーをクリアーにしてくれます。

音（音波）は、ダイレクトに脳やカラダに響いてくるもの。

昔からあらゆる宗教行事やお祭りに「音」の要素は欠かせませんでした。神社には、神様にやってきたことをお知らせするための鈴がありますよね。そしてお寺には、やはり鐘があります。普段身につけておくお守りには、魔除《まよ》けのために、澄んだ音を奏でる鈴がつきものです。

玄関のドアに澄んだ音がするウインドベルをつけると、玄関から家全体によ

い気を流れ込ませることができます。美しい音楽に包まれて生活していると、住む人もそこにあるものも、美しい波動の影響を受けるのです。

あなたにとって心が晴れ、頭がスッキリとする音楽や特定の音があれば、それはあなたにとって大切な浄化音楽。音楽が好きな人なら、お気に入りの音源を集めて、マイフェイバリット浄化アルバムを作るのもオススメです。「部屋を浄化したい」「心をクリアーにしたい」という目的にぴったりと合った音を聴くことで、それが促進されていきます。

でも、もっともお手軽で効果的な浄化方法は、柏手《かしわで》を打つこと。これなら、スピーカーも楽器もいりません。

「なんだか気がよどんでいるかもしれない」「ちょっと空気が重い感じがする」というときには、その場で両の手を打ち鳴らしましょう。くぐもった音がするなら、澄んだ音になるまで何度か手を打ってみると、場のムードが変わります。

6 お客様を招く

人は福を運んで来るもの。家族で暮らす家にも、お客様を招いて笑いがいっぱいの楽しい時間を過ごすと、家じゅうが喜びの波動で満たされます。

家には耳があるので、ほめてもらうとさらによいことが起こる家になります。お客様に「ステキね～」と言っていただけるように、お花を飾ったり、ディスプレイに凝ったり、お香をたくなどのひと工夫をしてみるのはいかがでしょう？　想像するだけでも家が元気になりそうです。

そうはいっても、なかなかお客様が集まらないという人もいるかもしれません。実は、わたしがそうでした。結婚と同時に地方から上京して来たため、周

囲に友人がいなかったのです。

そこでわたしは、自宅をカフェスペースに見立ててお客様をお招きする「おうちカフェイベント」を開催するようになりました。日程を決めて、テーマのあるイベントを自宅で行うのです。

最初は「人が集まるかな？」と不安でしたが、ブログなどを見て興味を引かれた人が来てくれました。初めてお会いする方がほとんどでしたが、同じテーマに興味を持ついわば同好の士ですから、すぐに打ち解け話が弾みます。

今ではその趣味が高じて、住居とは別の場所に、人が集まるためのスペースを借りるまでになってしまいました。ここまで味を占めてしまったのは、人が集まる出会いの場を持つことがとにかく楽しくエキサイティングだからです。

お友だちどうしで集まるときにも、「お香を楽しむ会」「ワインとチーズを楽しむ会」など、何かテーマを決めてはいかがでしょう？　きっと、いつもとはひと味違う集まりになるはずです。

部屋の浄化に役立つあれこれ

●観葉植物・塩・丸水晶

万能三大浄化アイテム。「なんとなく嫌な場所」「じめっとする場所」などに置くと、不浄な気を吸い、場を浄化する

●花

花は最強のアイテム。どこに飾っても場を浄化して心とカラダをクリーンにしてくれる

●鏡

気持ちのよい場所には鏡を置いて、よい気を増幅させる。キラキラした照明や花などが鏡に映りこむと、そのエネルギーが倍増する

●香り

ナチュラルなよい香りは部屋を浄化する

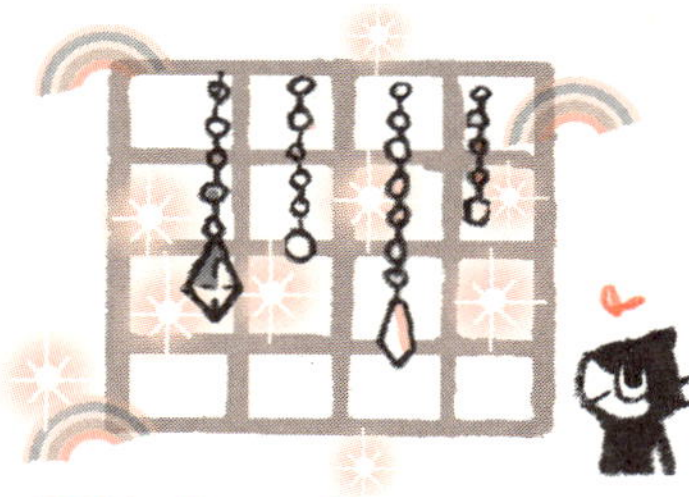

●サンキャッチャー

窓際にサンキャッチャーをつるすと、たくさんの太陽光を家の中にとり入れることができる

●音

波動の高い音（澄んだよい音）は場を浄化する。ウィンドベルや、風鈴などもオススメ

●ライト・照明

暗い部屋には陰の気が強くなりがち。ムードのよい間接照明などで明るさを出す

●キッチン

水場の掃除で美容運がアップする。肌が荒れているときは、キッチンが荒れていないかをチェック

●トイレ

・黄色を多用して、胃腸を活性化すると便秘解消になる
・トイレを掃除すると臨時収入、お金に困らない、健康になるなど高い開運効果が。
・トイレには「うすさま明王さま」という神様がいる。唱えるとよいマントラは「オンスロダノ　ウンジャク　ソワカ」

もっとクリアーなわたしになる

考え方のクセは、なかなか変わらないもの。
でも、それを少しでも変えることができれば、
劇的な変化が訪れます。
クリアーなあなたであり続けるために、
とても大切なことをお伝えしていきます。

1

一期一会の奇跡に感謝する

一期《いちご》一会《いちえ》という言葉があります。

目の前にいる人と、もう二度と会うことはないかもしれない。だからこそ、会っている今の瞬間を誠実に大切にしよう。

今一緒にいる奇跡に感謝をしよう。

一期一会は、そんな気持ちにさせてくれる、ステキな言葉です。

「あのときあの人との出会いがなかったら、もしかすると今の自分はなかったかもしれない…」

そんなふうに人やものとの出会いに、不思議なご縁や奇跡的な喜びを感じた経験は、誰にでもあるのではないでしょうか。

地球上には約六〇億人がいますが、生きているうちに出会えるのは、ほんの一握りの人だけです。限られた時間の中で、ご縁がつながって今出会えることの貴重さを思うと、意味のない出会いなんてあるはずがないなあと思います。

わたしは、人との出会いを大切にしはじめたときから、はっきりと人生の流れが変わりました。どんな人と会うときも「この人は、自分に必要なメッセージを持ってあらわれてくれた人に違いない」と思って接すると、本当にそのとおりの重要な気づきがもたらされるのです。

それまでは当たり前のように感じていた小さな出会いの数々が、すべて意味のある大きなプレゼントだったのです。

あの人と出会えたこと。

あなたと出会えたこと。

その奇跡に、感謝を捧げましょう。

2

さよならに最高の愛を込める

自分をより自由にしてくれる価値観や、新しい情報は、常に人との出会いからもたらされています。

あの人に出会えたから、今がある。

そんなふうに思うようになってから、周りは恩人だらけになり、しかもその数は増える一方です。

でも、貴重なご縁で結ばれた方とずっと一緒にいられるかというと、そんなことはありませんよね。

「また会いましょう」

「また会いたいですね」

互いにそう思っても、もしかするともう一生会えないかもしれません。

あっという間に数年が経過してしまうこともあります。

だからこそ、出会えたことに感謝したい。精一杯の愛情を伝えたい。そんな気持ちから、わたしがとくに大切にしているのが人との別れ際です。

愛を込めたさよならができると、その後ご無沙汰《ぶさた》してしまっても、遠く離れてしまっても、不思議といいお付き合いが続きます。数年ぶりの再会でも、一週間ぶりくらいの感覚で語り合えるのです。

マメに連絡を取ることができれば…とも思いますが、さまざまな事情でそれができないとき、たまに思い出して、その方の幸せを祈ることができるなら、それで充分ご縁を大切にしていることになるのではないかと思います。

最高の笑顔で別れることが、そのときできる最高の愛の行為。

だからこそ、さよならには最高で最大の愛を込めるのです。

3 ハグする

心と心の交流ができたと感じたときには、わたしはなるべくハグをするようにしています。

初対面でも、家族でも同じ。ひしと抱き合うのです。

胸と胸を合わせるハグの気持ちよさを一度知ってしまうと、ちょっと病みつきになります。抱き合うことによる心の癒《いや》し効果は、ハグヒーリングといって、実際にセラピーの現場でも使われているのです。

ハグをするとき、わたしたちの胸に位置するハートチャクラ（第四チャクラP152参照）が刺激されます。

ハートチャクラは、愛を司《つかさど》るエネルギーステーション。

他の人に対して心を開くことをオープンハートになるといいますが、実際にハートチャクラが元気に活性化すると、ハートを流れる気の流れがスムーズになり、「愛」が感じられやすくなります。

そうはいっても、相手の方の立場や、場の雰囲気などでハグが難しそうなときもあります。そんなときは、なるべく握手をするようにしています。やんわりと包み込むように握ることもあれば、しっかりとパワーを交換するように握手することもあります。ぎゅっと握り返してくる人は、その力強さで愛情を確かめるかのようです。

ハグも握手も、日本人どうしでは普段あまり行わないので、ちょっと照れくさいかもしれません。でも、肌と肌を触れ合わせることで、相手の方のエネルギーをより近く感じることができます。

4 ユーモアで伝える

人の喉《のど》の部分には、喉チャクラ（コミュニケーションチャクラ　P153参照）と呼ばれるエネルギーステーションがあり、自己表現やコミュニケーション、言葉や音などの豊かさを司ります。この部分の気が滞《とどこお》りがちになると、喉や首などに浄化のサインが出てきます。具体的には、声が出にくくなったり、喉が腫《は》れたり、首が凝ったりするのです。

たとえば、風邪をひくときはいつも喉から来る…というあなた。

いいたいことを飲み込んでいませんか？

望んでいることを口にしていますか？

周囲のことを気遣うのが癖になっている人には、ハートにある自分の思いを口から出すのに抵抗感がある人も多いようです。でも、心の中に浮かんだことは、どんなことでもやっぱり外へ出したいことなのです。ため込んでばかりいると、出口を求めて苦しくなり、ある日ドカーンと大爆発してしまいます。

表現するのをあきらめるのではなく、伝えたいことをやわらかい言葉で小出しに表現してみませんか？

怒りや悲しみの感情を、笑いのベールに包んで表現したり、大げさなボディランゲージをするのもオススメです。恋人やパートナーの前ですねるときは「プンプン‼」と言いながら頬を膨らませたり、ショックを受けたときは目と口を「OH！　NO！」というように大きく開いて、相手に見せつける、などなど。お笑い芸人のギャグを気持ちの代弁に使うのもよいでしょう。

慣れないうちは恥ずかしいかもしれませんが、それが喉チャクラを開くカギ。自己表現は、伝わってナンボ。それで笑えるなら、さらに幸せですよね。

5

I（アイ）メッセージで伝える

こうしてほしい、ああしてほしいと人にお願いしたいことがあるときは、相手を傷つけないI（アイ）メッセージで気持ちを伝えましょう。Iメッセージとは、カウンセリング技法のひとつで、「わたし」を主語にして話す話法です。

たとえば、「あなたは、何度頼んでも電球を取り替えてくれないのね！（早く取り替えてほしい）」という言い方。この言い方をされると、自分が悪いと思っていたとしてもカチンときてしまいますよね。これがYOU（あなた）を主語にしたYOUメッセージ。相手を責めるような印象になり、機嫌を損ねてそっぽを向かれて終わり……ということになりかねません。

それに対して、「わたしは、あの位置の電球に手が届かないから、背の高いあなたに取り替えてもらえるととても助かるのだけど、今日の夕方にでもお願いできるかしら？」というように、「わたしには届かないので、お願いしたい」とわたしを主語に話すのがＩメッセージです。この言い方をすると、「夕方には間に合わないから、夜替えておくよ」という具合に、相手との対話が成り立ちます。

イライラしているときは相手の非を責めたくなり、ついつい「あなたは…」と言ってしまいますが、問題は〝わたし〟の感情にあります。「あなたは…」と言いたいところを「わたしは」に言い換えるだけでも、冷静な気持ちになれるものです。

その結果、「それを言ってはオシマイよ」という大暴言だけは回避することができ、自分にとっても相手にとっても心地よいコミュニケーションが成り立ちます。

6 白黒つけない

白黒つけないと許せない！

あいまいなことは気持ち悪い！

そんな人は多いかもしれません。でも、実ははっきりさせておきたいのは物事ではなく、自分の心の中。心のキレイ好きさんは、モヤモヤを残すのがイヤで、ただ整理したいだけではないでしょうか？

もしかすると学校のテストをYESかNOかで答えていた習慣で、物事をすべて「GOODの箱」か「BADの箱」に収めなくてはならないような気がしているだけかもしれません。

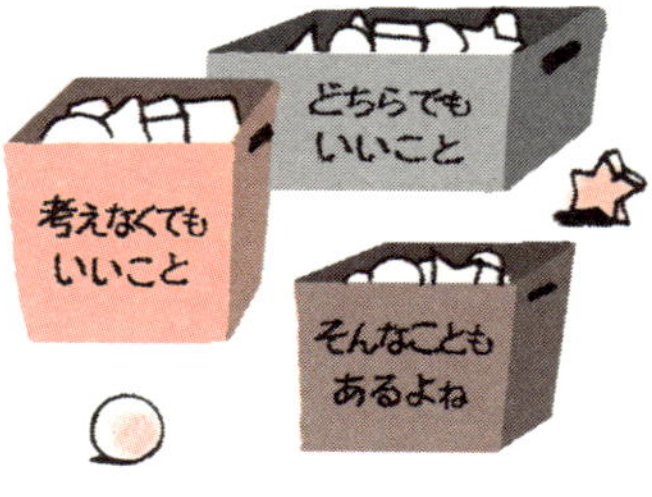

でも、「考えなくてもいいこと箱」や「どうでもいいこと箱」や「そんなこともあるよね箱」が近くにあったら、それはとても便利ではないでしょうか。「ありえない」と周りを否定すると、自分が制限されて苦しくなります。「それもあり」と周りの状態をただ受け止めると、自分が開放されて楽になります。

どんな人も、どんなものも、大いなる存在から、そこにあることを許されて存在しています。神様がＯＫを出している人にあなたがダメ出しをしても、むなしさが募るだけです。それよりも、相手の存在をただ認め、なぜその人やそのものとあなたが出会ったのかを考えてみてはいかがでしょうか？

よいも悪いも、人間が判断していることです。同じ行為を見てもすばらしいと感じる人もいれば、快く感じない人もいます。同じ国に生まれたとしても、経てきたプロセスは人それぞれ。生まれもった人生の目的も違うのだから、「みんな違って、みんないい」と金子みすゞさんの詩のように、違いを肯定して受け止められると楽になります。

7

ねばねば星人にさよなら

考えることがいっぱいあって、頭が重い。
やることが山ほどあって、本当はもう逃げ出してしまいたい。
そんなとき、あなたの頭の中をのぞいてみたら、どんなふうになっているでしょう?
あれをしなきゃ。
これをせねば。
あれはこうあるべきだ。
……なのにできない!

こんな「なきゃ」「ねば」「べき」が頭の中に充満していたら、苦しくなるのは当然。粘着質で重苦しくこびりついている「なきゃ」「ねば」「べき」を一掃しましょう！

やり方は簡単。こう宣言するのです。

「やってもやらなくてもいいんです！」

やってもやらなくてもいい。それでもあなたはやりますか？ もし、それでもやりたいのであれば、それは誰に強制されたわけでもない、あなたのすばらしい決断です。

同じことをグルグル考えはじめたら、「ま、いっか！」「なんとかなるさ！」「すべてうまくいく！」と声に出して自分を安心させてあげましょう。ねばねば星人に支配されているとき、頭は酸欠状態です。ご注意を！

8 エネルギーの矢を抜く

頭が痛い、肌がチクチクする、肩が重い……。

風邪をひいたわけでもない、これといった原因も思い浮かばないのに急にこんな症状があらわれたなら、それは誰かから飛んできたエネルギーの矢が、あなたに刺さったのかもしれません。誰が飛ばしたものかを、詮索《せんさく》する必要はありません。早めに抜いてさよならしてしまいましょう。

カラダの気になる部分に「矢」をイメージして、実際に手を使って抜きます。この辺は想像力を駆使《くし》したイメージワークです。たくさん刺さっているような気がするときは、矢をかき集めて束にまとめて一気に「ずぼっ！」と抜くと、

それはそれはスッキリします。実際に痛みが取れることもしょっちゅうです。

抜いたら、その矢は天に向かって放し、「ありがとう、さよなら〜」といって手を振ります。このとき満面の笑みをたたえるのが、うまくさよならするコツ。エネルギーの矢は勝手に、持ち主へと戻っていきます。

このとき間違っても「アイツが刺したに違いない！　このーーー!!」などといって、相手に矢を投げ返してはイケマセン。今度はあなたが飛ばした矢が相手に刺さり、宇宙的な感覚でそれを察知した相手からまた矢が飛んできて、果てしない飛ばし合いが続くことになります。こうなると、キライなのにいつも頭を離れない、それはそれは強い結びつきを作ってしまうことになります。

エネルギーの矢は、すぃーっとかわすのが一番。刺さったときもすぐに抜いて、さらりと受け流しましょう。

これであなたは、エネルギーの戦いから降りることができます。

9 エネルギーの矢を回収する

エネルギーの矢は、知らないうちに自分に刺さっていることもあれば、知らないうちに誰かを刺してしまっていることもあります。

駅で通りすがりに「あの人は美人でいいなあ」と思った瞬間、相手にプスッ！

食事を食べ終わって寝っ転がっているパートナーを見て、「食器くらい洗ってよっ」と思った瞬間、パートナーにプスッ！

職場の上司に「いちいちうるさいよっ」と思った瞬間、その上司にプスッ！

怒りや憎しみなどのネガティブな思いでなくても、ちょっとした羨望《せんぼう》や相手をコントロールしたい気持ちが働くだけで、簡単にエネルギーの矢を刺してしまいます。

「気を配る」人がストレスをため込みやすいように、自分のエネルギーが分散している状態は、疲れやすいもの。また、矢を刺しているということは、相手と不必要なつながりを持っていることになります。相手のためにも、自分のためにも、気がついたときに回収しましょう。

「わたしのエネルギー、戻っておいで〜」

といいながら、あちこちに飛んでいるエネルギーの矢を自分のほうにかき集める動作をします。たくさん刺している場合は、リールを巻くように集めるのもオススメ。

とくに家族やパートナーとの間では、矢を刺し合いがちです。言い争いやケンカの後、「ごめんね〜」と言いながら互いに矢を回収しましょう。スッキリ丸く収まりますよ。

10 親と和解する

あなたは、自分のご両親が好きですか？

産み育てられたことに、感謝していますか？

心の中にある引っ掛かりがどこから来ているのか、丁寧にひもといていくと、多くの人がたどり着く場所があります。親との関係です。

仕事がうまくいかない。子どもにつらく当たってしまう。人とうまく付き合えない。そんな悩み事の根幹《こんかん》が、実は一見何の関係もなさそうな自分の親とのわだかまりにあることがとても多いのです。逆にいうと、親に心から感謝できたとき、人は別人になるくらいの変化を遂げることがあります。

わたしは、ヒーリングやカウンセリング、セラピーの現場に関わる中で、いろいろな方法で親との関係をクリアーにしようとしている人たちに出会ってきました。長年の親との間のわだかまりを片付け、手放そうとしている人の取り組みはとても真剣なものです。

そして、親への怒りを手放せば手放すほど、ねぎらいの気持ちや感謝が大きくなればなるほど、ご本人が軽やかになり、本当にやりたいことに全力で向き合えるようになっていくことを、多くの人の姿から学びました。

つらい思いをしたことから、親への怒りをカラダや心に宿したまま生活している大人は大勢います。でも、親だって修行中の身。完璧ではありません。

本当に心から自分を浄化し、あなたの持てる才能や愛を全開にしたいと望むなら、親へのわだかまりを手放す必要があります。そのためにも、まず自分を浄化し、癒《いや》してあげることが大切です。

11 「ありがとう！」

「ありがとう！」は、魔法の言葉です。気分がイライラしたり孤独な気持ちになったりして、自分が自分でないような感覚に襲われるとき、「ありがとう！」といってみてください。あなたの中に愛があふれてきます。

よいお天気に、ありがとう！
さわやかな風に、ありがとう！
優しい雨に、ありがとう！
おいしいお水に、ありがとう！

笑顔であいさつしてくれた人に、ありがとう！

元気で働けることに、ありがとう！

あなたがいてくれることに、ありがとう！


「ありがとう！」

そう唱えることで、あなたは大きな愛で満たされ、恐れが駆逐《くちく》されていきます。それは、ネガティブな闇に向きかけていた視線を、まぶしいポジティブな光の方向へ変える魔法の言葉です。

あなた自身が、常に大きな愛に包まれていることに気づくための、魔法の言葉です。

「ありがとう！」

そう唱えるとき、あなたが感謝したものは、キラキラと輝きはじめます。そして、あなた自身もその愛を受け、キラキラと輝いていくのです。

12

まるごと受け入れる

誰かと言い争いをしてしまうときや、周囲の人につらく当たってしまうとき、あるいはカラダが大きく不調を訴えているとき……。そんなとき、わたしは自分の心の中に戦争が起こっているのだと思っています。

心の戦争の原因は、怒りや悲しみといったネガティブな感情が、出口を与えられずにたまってしまったからです。ですから、これは自分自身の問題。ほかの誰かのせいではないのです。

人を許せないと思うとき、あなたは自分自身を許せていません。

人を責めているときは、あなたは同じくらい自分自身を責めています。

何かをイヤだと思うとき、あなたは自分自身がイヤになっています。

「悲しい！」

「つらい！」

「もうイヤ！」

「どうしてなの？」

心の中にある感情を、まずは言葉に出してみましょう。誰かにいわなくてかまいません。空に聞いてもらえばいいのです。そして、自分の気持ちを受け入れてあげてください。

「そっか、悲しいんだね」

「つらいんだね」

「イヤなのね」

そんなふうに自分でその感情を認めてあげるだけで、ずいぶん気持ちが楽になります。自分をまるごと受け止めてあげてください。

13

「I am OKだよ！」

自分に自信が持てないとき、なんだか落ち込んでしまうとき、鏡に映った自分の顔を見て、こういってあげてください。

「I am OKだよ！」
「○○な自分を受け入れます」
「わたしは、わたしが大好きです」

ちょっと恥ずかしいかもしれませんが、誰もいなければ大丈夫。ちゃんと声

に出していってください。耳から入ってきた言葉に反応し、ガチガチに緊張していた心が少しずつゆるんでいくはずです。

自分自身を許し、受け入れ、愛してあげなければ、他人を許し、受け入れ、愛することもできません。

人は、ちょっとしたことで落ち込んだり、自信が持てなくなったり、イヤになったり、誰かを恨んだり、妬《ねた》んだりしてしまうものです。それは人の弱さかもしれません。でもそのたびに、あなたが心の争いの火種を、消してあげればよいのです。

一度でスッキリしなければ、何度でもいってあげてください。

声が小さくて届かないようなら、大きな声で叫んでください。

そして深呼吸して、心に平和を取り戻しましょう。

大丈夫。あなたは絶対に、素直で優しい、ピュアな自分に戻れます。

自分を浄化するオマケ

浄化の方法は、身につきましたか？
ここでは、瞑想法、チャクラ、カラー、塗り絵、言葉など、
あなたの浄化ライフを助けるオマケをご紹介します。
楽しみながら活用してください。

宇宙とつながる瞑想《めいそう》――センタリング

宇宙の中心とつながり、自分自身が世界の中心であることを感じられる瞑想です。精神的な喜びや直感、ひらめきなどが得たいときには、センタリングを行いましょう。

1

足を肩幅くらいに開いて立ち、軽く目を閉じて深呼吸をします（座っていてもOKです）。

2

カラダから余計な力が抜けてきたら、頭のてっぺんを意識してください。頭のてっぺんから、細い糸が、上へ上へと伸びていくのをイメージしていきます。自分自身はココにいるまま、糸だけをすぅっと上へ伸ばしていきます。糸は、あなたの頭を上に引っ張り上げるかのように、どんどんどんどん伸びていきます。

3

空を越え、雲を越え、さらに高いところへ。

大気圏を越え、宇宙空間へと伸びていきます。

あなたがイメージする、宇宙空間で結構です。

細く長い糸が、さらにさらに遠くへ遠くへと伸びていきます。

もうこれ以上伸ばせない…というところまで伸ばしたら、さらにワープをさせるようにフッと遠くへ飛ばしましょう。

4

エネルギーに満ちた宇宙の高いところへ糸が到達したら、今度は、その糸の中に、自分自身の本質がすぅっと収まっていきます。

細い糸の中に、自分自身の核となる部分が、収められていきます。

余計なものは何もない、本質だけが糸の中に入りました。

自分自身が、一本の細い糸になったように、今あなたは宇宙とつながっています。そして、その糸をたどって、宇宙から光のエネルギーが降り注いできます。

キラキラと光る光のエネルギーが、糸をたどって、あなたの頭上へと降り注がれてきます。頭のてっぺんから、あなたの好きな色をしたまばゆい光のエネルギーが、カラダの中へとどんどん流れ込んできます。

今、あなたの中は、キラキラとした光で満たされ、宇宙としっかりとつながっています。

地球とつながる瞑想 ―― グラウンディング

お金やものや仕事、健康など、目に見える形での豊かさがほしいとき、地に足をつけたいときにはグラウンディングを行いましょう。冷え性にも効果的です。

1

足を肩幅くらいに開いて立ち、軽く目を閉じて深呼吸をします（座っていてもOKです）。自分自身の胸のすぐ下を意識してください。

2

胸の下の位置から、大きな太い木の根が生えているのをイメージしていきます。自分自身が、大きな太い木になったような気持ちで、胸の下から木の根を下へ下へと伸ばしていきます。

3

根は、地面へと到達し、さらに深い地中へと伸びていきます。

根が、どんどんどんどん地球の奥深いところへ伸びていき、やがて地球の真ん中で、マグマが赤く燃えている近くにやってきます。

マグマのそばに、根をしっかりと張ってください。

船のいかりを下ろすように、地球と強くつながります。

「もう、地球と離れない」そんなイメージで、がっしりと根が、大地をつかみました。

あなたは今ここにいるまま、根だけが地中深くへと伸び、地球とつながっています。

今、足の裏がしっかりと地面に接しているのを感じてください。

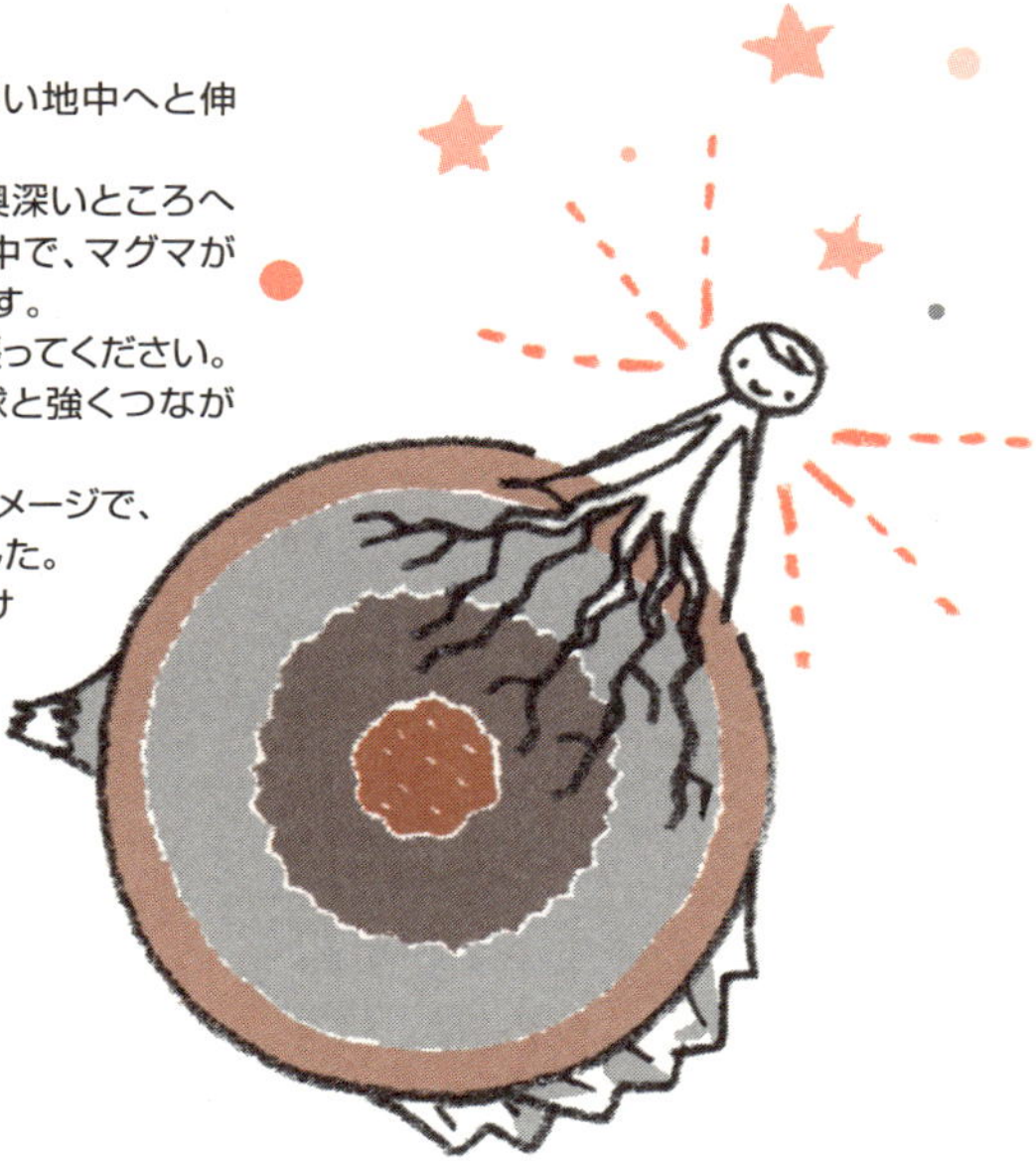

4

根の先から、あなたのカラダの中にある不要な思い込み、古い感情、もういらない怒りや悲しみなどがどんどん地球へと吸い込まれていくのをイメージしていきます。

地球の内部へ吸い込まれたネガティブエネルギーは、地中で美しい宝石へと姿を変えていきます。

いらないものを出し切ったら、今度は根の先から、地球のあたたかくて力強いエネルギーが、あなたの中へと入ってくるのを感じてください。

地球の豊かなエネルギーが、あなたの足先から入ってきて、さらに全身へと広がっていきます。

七つの主要チャクラ

古代インドの概念である「チャクラ」は、カラダをめぐるエネルギーを理解する方法のひとつです。チャクラとはサンスクリット語で車輪や渦を意味し、カラダへエネルギーを取り込み、全身へ行き渡らせるエネルギーステーションと考えられています。目には見えない穴のようなもので、気の交差点でもあります。

人体には無数のチャクラがありますが、特に背骨に沿って頭から下腹部までに位置する七つの主要チャクラは、心身の健康、経済や思考パターンなど、人生全般に影響を及ぼします。

各チャクラは個別の色を持っており、色のエネルギーを取り込むことでも活性化します。目や皮膚から感知された色の波長はチャクラからカラダに取り入れられて全身をめぐり、エネルギーをチャージしてくれます。

すべてのチャクラがバランスよく開いていると、現実的に地に足をつけながらスピリチュアルな目に見えない力も使いこなせる自分になります。人生の目的に向かって、持てる才能をフルに発揮して自己実現に向かっていくことができます。

思考パターンや生活習慣を変化させることも、チャクラの活性化に有効です。チャクラが司《つかさど》るテーマに対応した生活習慣で、より健康になりましょう。

七つの主要チャクラ早見表

第1チャクラ
（基底のチャクラ／ルートチャクラ）

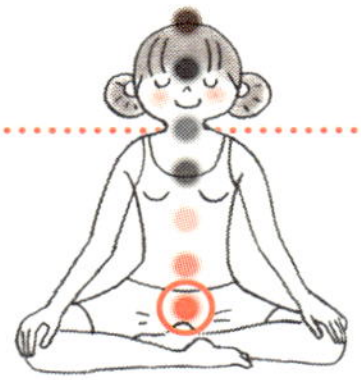

色	赤
関連器官	・卵巣《らんそう》 ・精巣《せいそう》 ・下半身
司るテーマ	・お金 ・仕事 ・健康 ・生命力 ・生殖 ・性衝動 ・冷え ・グラウンディング ・物質的豊かさ
活性化させるのに役立つ行動	・赤い色を意識して見る、食べる、触れる ・赤い服や小物を身につける ・赤い下着や靴下を身につける ・赤い色の花を飾る ・生殖器や下半身をいたわってケアする ・足を使って歩く　・運動をする ・山へ行く　・土に触れる ・温泉に入る　・足湯をする ・カラダを温める ・性生活を充実させる ・女性（男性）であることを楽しむ ・意識的にお金を使う ・意識的に仕事を行う ・健康的な食生活を送る ・しっかりと睡眠をとる

第2チャクラ
（仙骨《せんこつ》のチャクラ／丹田チャクラ）

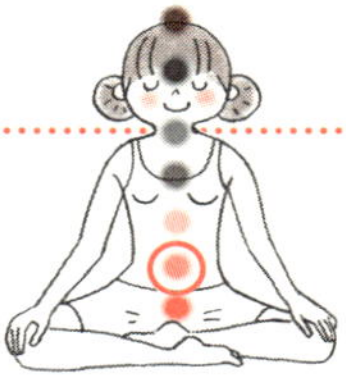

色

橙《だいだい》

関連器官

- 副腎《ふくじん》
- 腸
- 丹田《たんでん》

司るテーマ

- 明るさ
- 陽気さ
- 成功
- 社会的評価
- 直感的な感情
- 創造性
- 自信
- 人生の目的
- セルフイメージ
- 自己肯定
- 自己信頼
- 家庭の安定

活性化させるのに役立つ行動

- 橙色を意識して見る、食べる、触れる
- 橙色の服や小物を身につける
- 橙色の花を飾る
- 丹田のあたり（腸、下腹部）をいたわってケアする
- 丹田（おへそのすぐ下）を意識して生活する
- 丹田呼吸をする
- 柑橘《かんきつ》系の香りをかぐ
- 食物繊維をとって腸を掃除する
- 水を意識してとる
- 体内浄化に取り組む
- 消化のよいものを食べる
- 少食にして腸を休める
- 思い切り笑う
- コメディやお笑い番組を見る
- 自信を持って振る舞う
- 人を認め、自分も認めてもらう

第3チャクラ
（胃のチャクラ／太陽神経叢のチャクラ）

色

黄

関連器官

- 脾《ひ》臓《ぞう》
- 胃

司るテーマ

- 意思
- 本能的な勘
- 感情の起伏
- アレルギー
- 無邪気さ
- 子どもらしさ
- 自尊心
- 自己アピール
- 賞賛
- 神経全般

活性化させるのに役立つ行動

- 黄色を意識して見る、食べる、触れる
- 黄色の服や小物を身につける
- 黄色の花を飾る
- 胃やおなかをいたわってケアする
- 太陽を意識して生活する
- 光や明るさを意識してとり入れる
- 喜怒哀楽を表に出す
- 人をほめ、自分もほめてもらう
- 目立つ場やステージに立つ
- 人に甘え、自分も甘えられる
- 内面の子ども心に従って行動する
- 楽しいワクワクすることをイメージする
- 子どものころ好きだったことを実践する
- インナーチャイルドを癒《いや》すメンタルワークをする

第4チャクラ
（心臓のチャクラ／ハートチャクラ）

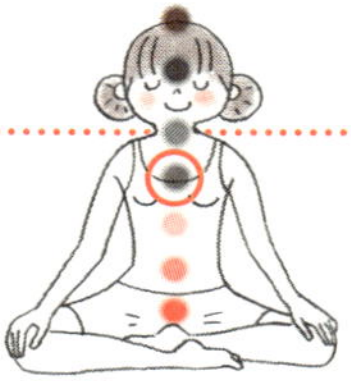

色

緑

関連器官

- 胸腺《きょうせん》
- ハート
- 心臓

司るテーマ

- 愛
- 調和
- 優しさ
- 癒し
- 自己受容
- 他者の受容
- トラウマ
- 悲しみ
- パートナーシップ

活性化させるのに役立つ行動

- 緑色を意識して見る、食べる、触れる
- 緑色の服や小物を身につける
- 観葉植物を飾る　・ピンク色の花を飾る
- ピンク色の服や小物を身につける
- ピンク色のブラジャーをつける
- 胸やデコルテをいたわってケアする
- ハートに手を当てて深呼吸をする
- 深い呼吸を心がける
- 肩甲骨《けんこうこつ》を動かす運動をする
- 感動的な映画や小説で涙を流す
- ロマンティックな場所へ出かける
- 森林浴に出かける　・心の込もった手紙を書く
- 自分を愛するためのメンタルワークをする
- 許したい人を許すためのメンタルワークをする
- 家族や仲間の愛情に触れる
- バラの香りを生活にとり入れる

第5チャクラ
（喉のチャクラ／コミュニケーションチャクラ）

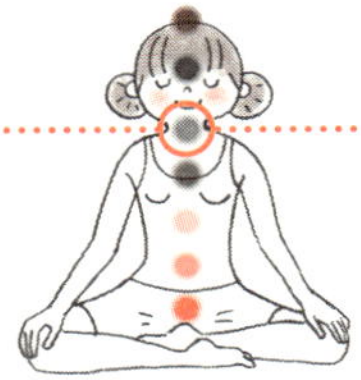

色

青

関連器官

- 甲状腺《こうじょうせん》
- 喉《のど》
- 首
- 肩

司るテーマ

- 自己表現
- 意見の主張
- 人間関係
- コミュニケーション
- 創造性
- 声
- 言葉

活性化させるのに役立つ行動

- 青色を意識して見る、食べる、触れる
- 青色の服や小物を身につける
- 青色の花を飾る
- 喉や首、肩をいたわってケアする
- 首に青いスカーフを巻く
- 首に青いペンダントをつける
- 海や空を意識して生活する
- 海に出かける
- 言いたいことをがまんせずに話す
- コミュニケーション方法を増やす
- 知識や知恵をアウトプットする
- 表現したいことをなんでもやってみる
- 美しい声を出す
- こうなりたいという肯定的な言葉を使う
- 親しくなりたい人と積極的にコミュニケーションをとる

第6チャクラ
（額のチャクラ／第3の目チャクラ）

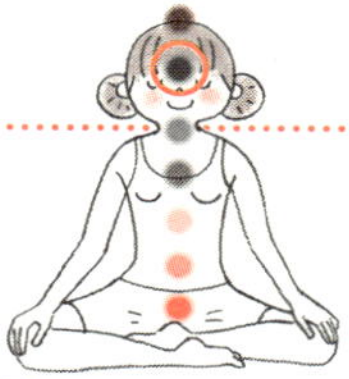

色

藍《あい》

関連器官

- 脳下《のうか》垂体《すいたい》
- 眉間
- 目

司るテーマ

- 夢実現
- 超能力
- 直感
- 洞察力
- イメージ力
- 予知
- 第3の目（サードアイ）
- 思いの現実化

活性化させるのに役立つ行動

- 藍色を意識して見る、食べる、触れる
- 藍色の服や小物を身につける
- 藍色の花を飾る
- 額《ひたい》をいたわってケアする
- おでこが見えるヘアスタイルにする
- 頭や頭皮をヒーリングする
- 目を休め、ヒーリングする
- なりたいイメージを詳細に思い浮かべる
- なりたいイメージを写真や絵などで意識に焼き付ける
- 思いが現実になった例を挙げてみる
- 直感的な感覚を意識して生活する
- 楽天的な想像をするように心がける
- セルフトーク（頭の中のおしゃべり）をポジティブに変える
- 自分がどんな価値観を持っているかを見直す

第7チャクラ
（頭頂のチャクラ／クラウンチャクラ）

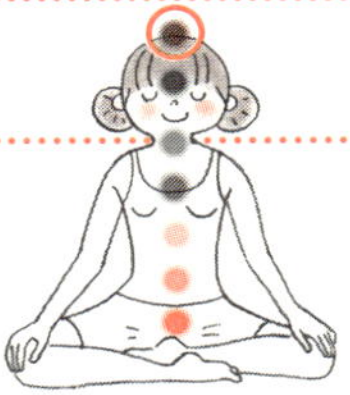

色

紫

関連器官

- 松果体《しょうかたい》
- 頭頂

司るテーマ

- 超感覚
- スピリチュアルな目覚め
- ひらめき
- 霊的能力
- 宇宙とのつながり
- アーティスト
- インスピレーション
- 悟り

活性化させるのに役立つ行動

- 紫色を意識して見る、食べる、触れる
- 紫色の服や小物を身につける
- 紫色の花を飾る
- 頭や頭皮をいたわってケアする
- 宇宙を意識して生活する
- 一日5分でも瞑想《めいそう》をする時間をとる
- インスピレーションを受け取ったらメモをする
- 直感的にいいと感じたことを行動に移す
- 夢から覚めたときノートに内容を書く
- 悟りや精神世界についての本を読む
- パワースポットに出かけて高い気に触れる
- 直感を磨く訓練をする
- 芸術作品や美に触れる

浄化に効くカラーリスト

P80でもお話ししたように、色は人を癒《いや》し、元気にします。色が心やカラダに及ぼすセラピー効果を浄化に応用してみましょう。

赤（レッド）

効用

・可視光線《かしこうせん》でもっとも波長が長い赤は、交感神経を刺激するため、体温を上げ、内側からあふれる情熱をかきたててくれる
・アクティブな「第一歩」を応援し、地に足をつけさせてくれる色
・婦人科系の病のヒーリングに使用される
・多用すると疲れが出る色なので、インテリアに使うときはアクセント程度に

こんなときに

・お金がほしいとき
・いい仕事がしたいとき
・健康になりたいとき
・行動的になりたいとき
・冷え性を治したいとき

この色が不足すると…

・足や生殖機能にトラブル
・エネルギー不足で五感が低下
・無気力や憎悪、嫉《しつ》妬《と》の感情を呼び起こす

アイテム

・赤い下着は下半身を冷えから守る

桃（ピンク）

効用

・愛と感謝と若さの色
・幸福感を高め、ハートを癒し、自分を愛することに役立つ、愛のヒーリングカラー
・女性ホルモンの分泌を促すため、子宮系を元気にする力がある
・ピンク色の空気を吸うことをイメージして「ピンク呼吸」を行うと、若返り美しくなる効果が

こんなときに

・恋愛をするエネルギーがほしいとき
・愛し愛されたいとき
・肌にツヤを取り戻したいとき
・若返りたいとき

この色が不足すると…

・子宮や心臓にトラブル
・愛されている実感が感じられず、人に心を開けない
・孤独感に陥りやすい
・女性らしい優しさが表に出ない

アイテム

・ピンクを基調にしたメイク
・ピンク色のメイク道具
・ピンク色の下着
・ピンク色のリネン

橙（オレンジ）

効用

- 明るい太陽のように華やかで社交的な色
- 人や自分への信頼感を高め、自分を肯定し、存在感のある人にしてくれる
- 太陽や炎、食欲などを連想させるため、腸の活性化や浄化にも有効

こんなときに

- 明るい気持ちになりたいとき
- 強さがほしいとき
- 仕事での評価がほしいとき
- 社会的な地位を得たいとき
- 自分に自信を持ってチャレンジしたいとき

この色が不足すると…

- 腸や消化器官にトラブル
- インシュリンの分泌が悪くなる

アイテム

- 便秘になったときは、オレンジの腹巻で下腹部をガード
- オレンジジュースを飲む
- 柑橘系《かんきつけい》の香りをかぐ

黄（イエロー）

効用

・胃を元気にし、知性や好奇心、自分らしさをサポートしてくれる色
・ポジティブシンキングにしてくれる力があり、人との会話を楽しもうという気分にさせてくれる
・個性的であることやかわいらしさや明るさを演出する

こんなときに

・楽天的な天真爛漫《てんしんらんまん》さで人に甘えたりほめてもらったりしたいとき
・機転を利かせて仕事をしたいとき
・企画力をつけたいとき
・人の注目を集め、話しかけてもらいたいとき
・親しみやすさを表現したいとき

この色が不足すると…

・胃腸や脾臓《ひぞう》にトラブル
・不安でイライラ
・神経質
・完璧主義になる

アイテム

・上半身に黄色を着る
・黄色の壁の部屋はアレルギーを軽減させる
・バナナ
・グレープフルーツ

緑（グリーン）

効用

・心を優しく穏やかにしてくれる平和的な色
・疲れているときには、緑のパワーを浴びに森林や公園へ
・「世の中は安全で自分は守られている」というリラックス感を与えてくれる

こんなときに

・バランスと調和を取り戻したいとき
・人間関係のもつれを解決したいとき
・過去の出来事を手放したいとき
・心を開いて自分や周囲の人を愛したいとき

この色が不足すると…

・心のバランスにトラブル
・睡眠不足になりがち
・呼吸が浅くなる

アイテム

・野菜サラダ
・森林浴
・観葉植物
・緑色のファブリック
・緑色のカーテン

青緑（ターコイズ）

効用

・表現力を高め、夢をかなえてくれる色
・喉《のど》まわりの活性化に有効
・美しい声を出したり、言いたいことを上手に人に伝えたりするときにも力を貸してくれる
・自分自身に意識を向け、内省するのを助ける
・創造性を高めてくれる

こんなときに

・喉や首のトラブルがあるとき
・人の心に届くメッセージを出したいとき
・言いたいことを上手に人に伝えたいとき
・クリエイティブな仕事をしたいとき
・未来の夢を膨らませたいとき

この色が不足すると…

・自己表現やコミュニケーションにトラブル
・声が出にくくなる

アイテム

・ターコイズ（トルコ石）のアクセサリー
・ターコイズカラーのスカーフは、風邪の予防になる

青（ブルー）

効用

・緊張をやわらげ、不安を軽減してくれる色
・波長が短い青は副交感神経系に作用して、炎症を鎮め、精神に落ち着きを取り戻してくれる
・知的で優しい印象を与える

こんなときに

・仕事や人間関係でヒートアップしてしまった自分をなだめたいとき
・ゆっくりと自分の本質と対話したいとき

この色が不足すると…

・メンタリティにトラブル
・副交感神経の活動が弱まり疲れやすくなる
・落ち着かなくなる

アイテム

・食器に用いると食べすぎを抑制してくれる
・海や空のポスターなど
・帽子やヘアアクセサリーなどに使うと、頭痛を鎮めたり、論理的な思考をするのにひと役買ってくれたりする

紫（パープル）

効用

・癒しの色。傷ついた心やカラダを癒すのに最適なヒーリングカラー
・可視光線《かしこうせん》の中でもっとも波長が短い紫は、副交感神経を刺激し、すべての回復期に効果がある
・精神性や気品を高める
・心を静め、元気にしてくれる
・スピリチュアルな能力の開花や直感力をサポートする

こんなときに

・深い悲しみを負ったとき
・ストレスや疲れがたまっているとき
・インスピレーションを得たいとき
・アーティスティックな能力を高めたいとき

この色が不足すると…

・脳や目にトラブル
・自分や人を信頼しにくくなる

アイテム

・ラベンダーや蘭のような紫の花
・アメジストのアクセサリー

白（ホワイト）

効用

・心とカラダを浄化し、軽くしてくれる色
・ピュアな力で怒りや恐れといった不要な思い込みを手放すのを助けてくれる
・清らかで澄んだ自分を維持し、ネガティブなものから守ってくれる

こんなときに

・新しい自分に生まれ変わりたいとき
・新しい決意をするとき
・自分を強くしたいとき
・頭や心をスッキリさせたいとき
・イヤな出来事を忘れたいとき

この色が不足すると…

・リンパ系にトラブル
・頑固になる
・孤独になりがち

アイテム

・白いノートや画用紙
・「新しい自分に生まれ変わりたい！」と思ったときは、服やリネン、ファブリックなどに白を使ってリフレッシュ
・軽やかに次のステップへ進みたいときには、持ち物を白に変えてみる

曼荼羅ぬり絵

曼荼羅《まんだら》とは、宇宙の概念図。曼荼羅に色をぬることで、自分自身の心の中やエネルギーの状態がわかります。色鉛筆やクーピーなどの画材で、気ままにぬってみましょう。ぬり終わったら、曼荼羅にタイトルをつけ、気づいたことを書いてみましょう。

タイトル

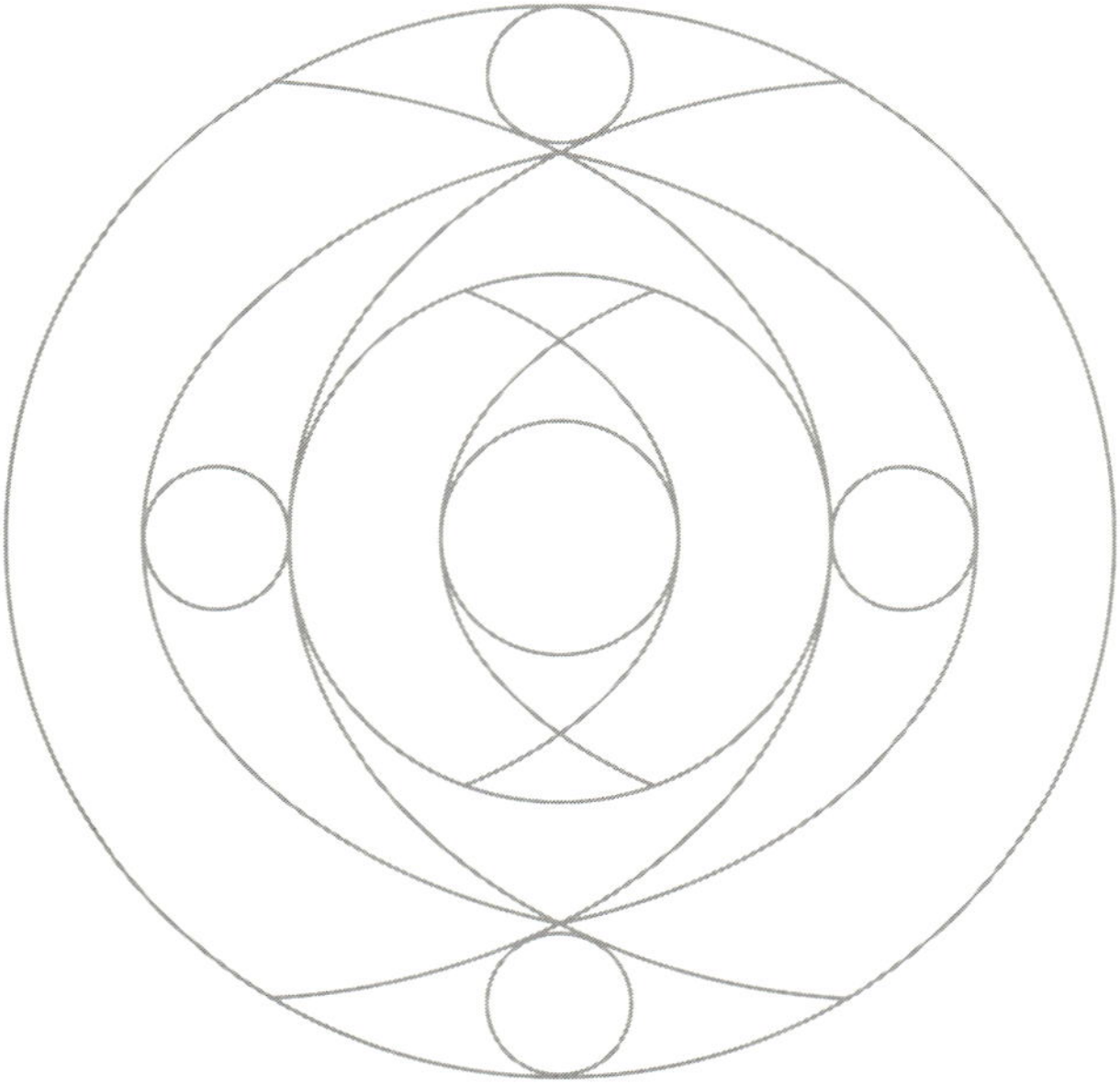

このぬり絵の印象、自分の気づき

タイトル

このぬり絵の印象、自分の気づき

タイトル

このぬり絵の印象、自分の気づき

タイトル

このぬり絵の印象、自分の気づき

タイトル

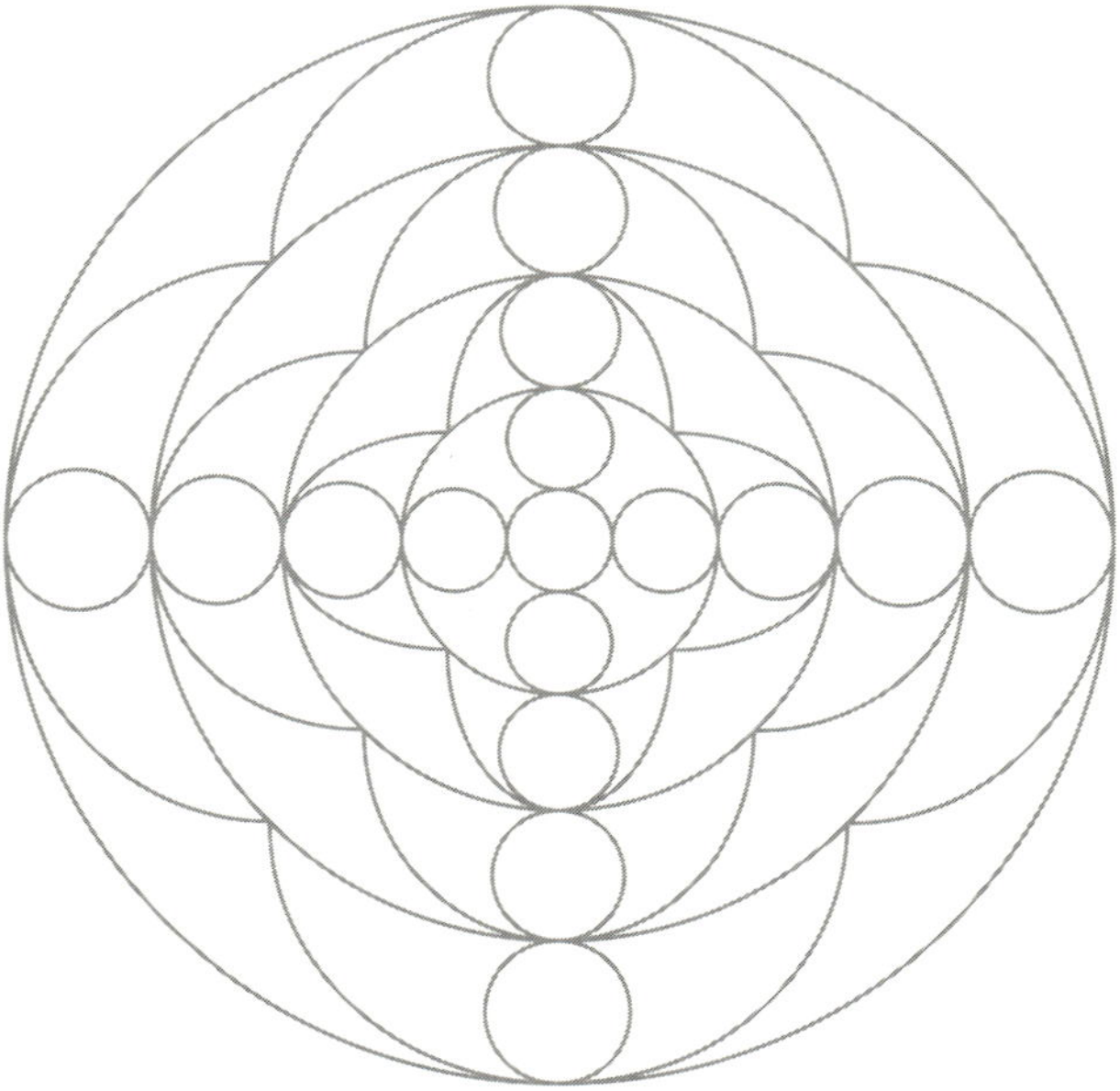

このぬり絵の印象、自分の気づき

タイトル

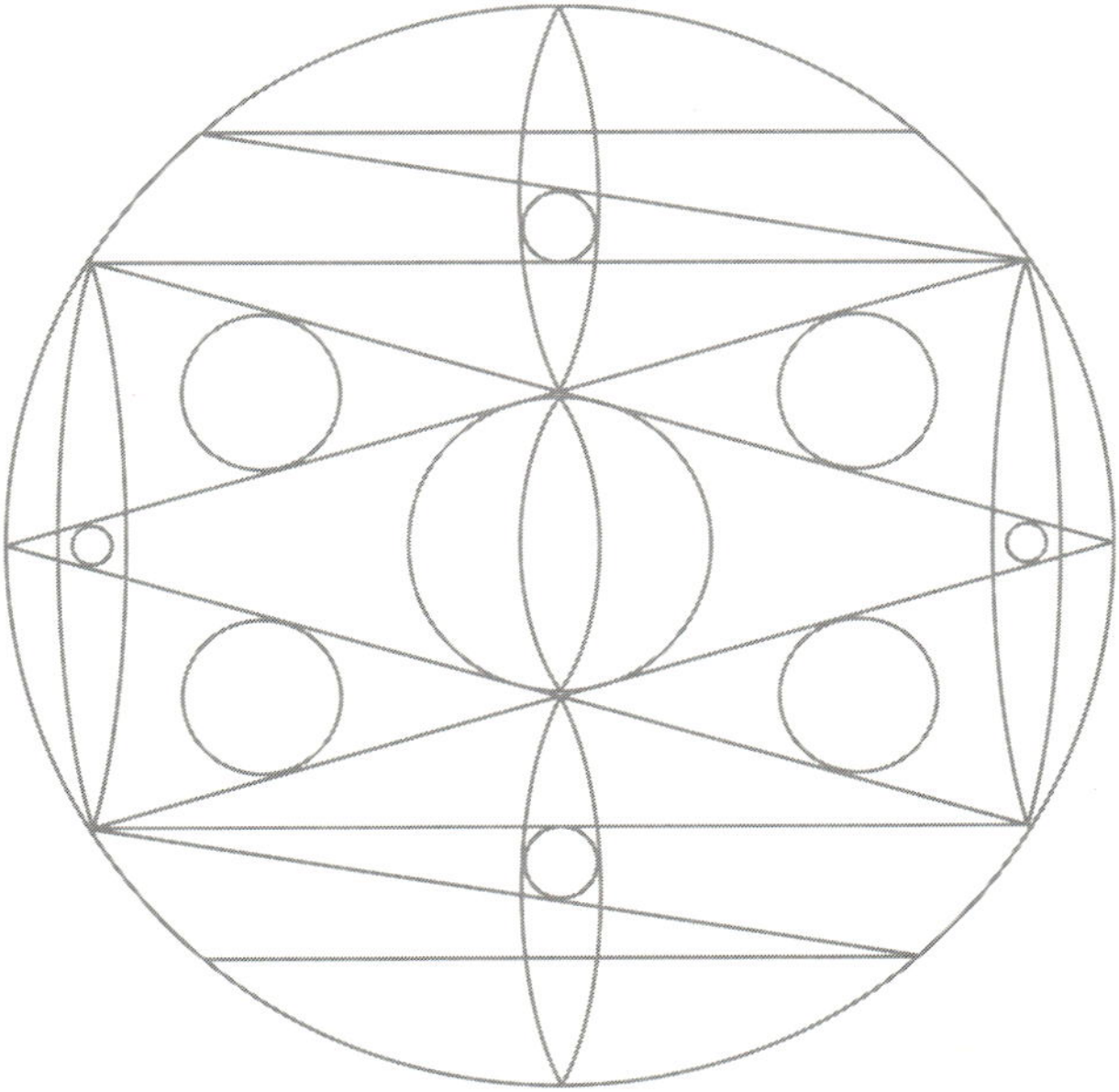

このぬり絵の印象、自分の気づき

浄化に効く言葉

言葉は、人を作ります。ここに挙げた言葉を、おまじないのように繰り返してください。慣れないうちは抵抗があるかもしれませんが、繰り返し唱えているうちに、どんどん自分が浄化されていくはずです！

・自分を信じて唱える
・丁寧に発音する
・何度も繰り返す（三回以上）
・鏡に向かって言い聞かせるとより効果的
・肩を抱きながら言い聞かせるのも効果的

朝起きたとき

「体調もいい、気分もいい。今日もすばらしい一日がはじまる！」

出かけるとき

「今日もいいことがある！」

「今日起こることはすべて幸運につながっている」

食事をするとき

「食事はわたしにパワーを与えてくれる。ありがとう」

お風呂に入るとき

「いらないものがどんどん流れていく。ありがとう」

「わたしはすっきりクリアーに生まれ変わる」

「わたしはみずみずしく美しくなる」

「疲れや心のゴミが、どんどん流されていく」

洗顔やメイクをするとき

「わたしはどんどんキレイになっていく」

「肌がすべすべになっていく」

「わたしは日々美しくなっている」

「わたしはバラのように美しい」

寝る前に

「今日のわたしはすばらしかった。すべて上出来！」

「今日はすばらしい一日だった。明日もすばらしい一日になる」

「今日もステキな一日をありがとう」

掃除をするとき

「部屋と一緒に心もキレイになっていく」

「部屋が片付くとともに幸せがやってくる」

「この部屋ではいいことばかり起こる」

「家に感謝している。ありがとう」

彼やパートナーといるとき

「わたしと出会ってくれてありがとう」

「優しくしてくれてありがとう」

「わたしは愛されるのにふさわしい。わたしには価値がある」

パーティや出会いの場に行くとき

「必ずステキな出会いがある」

「わたしは注目されるのにふさわしい。わたしには価値がある」

「わたしはプレゼント。出会う人に喜びと調和をもたらすことができる」

「わたしには幸せが約束されている」

「わたしに会う人はみんな幸せな気持ちになる。わたしにはその魅力がある」

「わたしは魅力的！　わたしは魅力的！　わたしは魅力的！」

大きな仕事にプレッシャーを感じるとき

「できる！　できる！　できる！」

「わたしは○○を成功させる。わたしにはその力がある」

仕事で悩んだとき

「自分の仕事にとても満足している」

「手がけたことは必ず成功する」

収入に不安があるとき

「わたしは生かされる。ますます豊かになっていく」

「（両手を開いて）わたしは心を開いて、宇宙の豊かさを受け入れます」

「今の収入に感謝している。そしてもっと豊かになれる」

「わたしは最高のものを受け取るのにふさわしい」

「わたしは新しい収入の道を受け入れる」

「わたしはあらゆる豊かさを受け取る準備ができている」

認められたいとき

「（鏡に向かって）あなたは一生懸命やっているね。わたしは知っているよ」

「わたしはえらい！　わたしはえらい！　わたしはえらい！」

ちょっと失敗したとき

「大丈夫。長い目で見ればすべてうまくいっている」

ピンチのとき

「感謝します。感謝します。感謝します」

「ありがとうございます。ありがとうございます。ありがとうございます」

「ああ、よかった。ああ、よかった。ああ、よかった」

不安なとき

「何もかもうまくいく！」

「大丈夫！　前途は洋々！」

「今に感謝します」

人間関係で悩んだとき

「人間関係はすべてうまくいっている」

「わたしはいい人にばかり囲まれる」

誰かに怒りがわいたとき

「わたしは○○さんに感謝します。感謝します。感謝します」

体調がいまひとつのとき

「わたしは自分をいつくしむ。どんなときもわたしが大好き」

風邪かな？と思ったとき

「わたしには自由な時間がある。わたしはやりたいことをできる」

「わたしの心はスッキリとしている。とても穏やかな気持ちです」

「わたしは今に感謝します。ありがとう」

「わたしはリラックスしています。恐れや焦りを手放します」

元気が出ないとき・自信を持ちたいとき

「自分が大好き。自分が大好き。自分が大好き」

「わたしは最高! わたしは最高! わたしは最高!」

「(鏡に向かって)あなたがとても好き。とても大切よ」

自分がイヤになったとき

「わたしは自分を受け入れます。こんな自分もかわいいものです」

自分を変えたいとき

「わたしは変わりたい。新しい自分を受け入れます」

イヤな繰り返しを断ち切りたいとき

「わたしは○○を求める気持ちを手放します」

状況を変えたいとき

「わたしはこの状況を作り出した思考パターンを手放します」

したいことがあるとき

「わたしは○○を可能にします。わたしにはその力がある」

手に入れたいものがあるとき

「わたしは○○を持つに値する。○○を今、受け入れます」

「○○は簡単に手に入る」

答えがほしいとき

「わたしは○○の答えを知っている。最善のタイミングで答えが与えられる」

「目が覚めたとき、すべての問題はクリアーになっている」

ちょっと長めの感謝のあとがき

この本を手に取っていただき、本当にありがとうございます。

現在わたしは、レイキという日本発祥の手当て療法をお伝えする仕事をしています。レイキとは、代替《だいたい》医療の分野で注目されているヒーリング手法であり、心とカラダを浄化して自己実現を促す方法のひとつです。

わたしがレイキやカウンセリングと出会い、セルフクリアリング（＝浄化）を意識しはじめたのは、二〇〇三年からです。それから、どんどん肌が美しくなり、風邪もひかなくなり、体重や体型も安定し、心が穏やかになって、やりたい仕事ができるようになりました。

そしてもうひとつ、この本を書く大きなきっかけとなった出来事があります。あくまでも個人的なケースとして、紹介させてください。

二〇〇六年の春、わたしと夫は、夫が幼いころからわずらっていたアトピー性皮膚炎の治癒《ちゆ》に取り組んでいました。現在では子どもの四人に一人が何らかのアレルギーを持っているともいわれています。二〇〇二年に夫と結婚したわたしは、レイキをはじめとする代替医療を少しずつ勉強しながら、菜食や薬膳《やくぜん》を中心にした和の食事療法を実践して、ゆるやかな体質改善に努めていました。

ご存じの方も多いと思いますが、アトピー性皮膚炎の治癒にはひとつの山場があります。症状を抑えるためにステロイドの薬を使っている場合は、その使用をストップしてから、好転反応《こうてんはんのう》として不要なものを体外に出す時期がやってくるのです。これは脱ステとも呼ばれ、治癒のプロセスでもっともやっかいで大変なものです。

夫は一年以上前に薬の使用はやめていたものの、過去に大量に塗り続けていた薬品の蓄積を体外へ出す必要がありました。かゆみで眠れない日が続き、朝が起きられないので働くこともままなりません。ちょっとしたことで次から次へと感染症にかかり、ついにはうつ症状まで。好転反応が出始めて数ヶ月間はわたしたちにとって想像以上の大変さでした。

当時はまだ気づいていなかったのですが、彼が一〇歳くらいから、よくわからずに塗り続けていた薬は体内に蓄積し、内臓などの機能を著しく低下させていたのです。

原因不明と思っていた症状の多くが、薬の副作用や、心やカラダに負担のかかる生活のためであることを知ったとき、わたしも夫も大きなショックを受けました。しかし同時に、絶対に治そうと腹をくくることができたのです。

そんなとき信頼できる方との貴重な出会いがあり、夫は岐阜の療養施設へ行くことになりました。自然療法で体質改善をするというその場所に望みをつないだのです。

結果的に、そのＮＰＯ団体が主宰する施設に二十一日ほど滞在しただけで、夫の状態は目に見えて変わりました。久しぶりに会ったとき、放っている生気があまりにも違うので別人かと思ったほどです。目は輝きを取り戻し、声に力があり、表情は子どものように明るく、肌はツヤを持っていました。

なによりも驚いたのは、彼の心が変化していたことです。

「自然のリズムに従って生活をすることがこんなに大事なことだったんだ」

「環境を変えると、人はこんなふうに変わることができるんだ」

「元気になるときは、心もカラダもたましいもすべて同時なんだ」

朝起きるたびにどんどん回復していく自分の肌を見るうちに、希望がわき、自分自身の自然治癒力を信じられるようになっていったというのです。

文字通り心もカラダも生まれ変わったような夫を見て、わたしも驚きました。

こんなふうに書くと、どんな特別なことをしているのかと思われるでしょう。でも実際にそこで行われている自然療法は、あっけないほどシンプルです。

自然にあふれた風光明媚《ふうこうめいび》な土地で、早寝早起きをし、有機野菜を中心とする簡単でおいしい和食の料理を少量いただき、坂道を歩いたり畑仕事をしたりして汗をかく。いらないものをカラダに入れず、入っているものは体外に出すことを徹底していました。そしてそれを日常生活でも実践できるように、学んで帰るのです（詳しくは、『助けて！アトピー』遠藤榮子著・文芸社）。

人は元気なときなら少々の無理をしても平気なものです。でも、胃や腸などの内臓機能やホルモンバランス機能が弱まっているときには、少しの化学薬品や古い油、消化しにくい食べ物にもたちまち過敏に反応します。

夫も、療養前はほんの少し外食でもしようものなら、すぐに肌が反応して赤くはれ上がっていたのに、一度徹底的に浄化をして回復傾向になったカラダは、帰宅後もよくなる一方。カラダからのメッセージを受け取ることの大切さを教えてくれた一連の出来事に、今は深く感謝しています。

もちろん、アトピー性皮膚炎に悩むすべての方が、同じ方法で回復するというわけではありません。アレルギーはその原因もさまざまであり、何より人それぞれ体質は違います。

ステロイドと上手に付き合っている方もいますし、その効用を否定するつもりもありません。また、自分の判断のみで使用をやめて、症状をこじらせてしまう方も多いようです。あくまでも、医師や専門家など、信頼できる方の判断のもとに行うべきだと思います。

しかしそれでも、カラダにとって不要なものを外へ出し、自然と調和した生活を送ることが、健康や美しさ、豊かさ、幸福につながることは事実です。

現在、わたしたちの周りには、大量の農薬が使われた食物、食品添加物が多く使われている加工食品、化学物質が入った化粧品や洗剤など、正体のわからないものがあふれています。

もちろんこれらの品々は、とても便利ですし、わたしもお世話になっています。健康なら、不要なものを排泄することもできます。

でも、そうしたものばかりを食べたり使ったりして、さらに太陽に当たることなく、緑を見ることもなく、運動もせず、一日中パソコンの前に座りっぱなしで昼夜逆転の生活をしていたとしたら？　いつの間にかバランスを崩し、自然のリズムとかけ離れた状態になってしまうのは当然です。アレルギーに限らず、冷え性や便秘、肌荒れ、イライラなど、多くの不快な症状は、それを知らせるサインなのです。

だからこそ、無意識のうちにため込んでしまいがちなものを出して本来の能力や愛を全開にするために、日々の「浄化」が必要なのです。

あなたというパイプをお掃除しましょう。
心をキレイにして、
カラダをキレイにして、
自然と宇宙の恵みを、両手いっぱいに受け取りましょう。

この本が、健康的な美しさと、自然のリズムを取り戻すための一助となれば幸いです。

二〇〇七年一一月

愛と感謝を込めて。
矢尾こと葉

参考文献&オススメ本リスト

- 『あなたがキラキラ輝くカラーセラピー』高坂美紀／著（ソフトバンククリエイティブ）
- 『癒しの手―宇宙エネルギー「レイキ」活用法』望月俊孝／著（たま出版）
- 『癒しのハーモニーベル あなたの部屋に幸運を呼びこむCDブック』居田祐充子／著（総合法令出版）
- 『色の暗号』泉智子／著（だいわ文庫）
- 『色の秘密』野村順一／著（文春文庫）
- 『宇宙の根っこにつながる生き方―そのしくみを知れば人生が変わる』天外伺朗／著（サンマーク出版）
- 『ガラクタ捨てれば未来がひらける』カレン・キングストン／著、田村明子／訳（小学館文庫）
- 『<からだ>の声を聞きなさい―あなたの中のスピリチュアルな友人』リズ・ブルボー／著、浅岡夢二／訳（ハート出版）
- 『からだの自然治癒力をひきだす食事と手当て』大森一慧／著（ソレイユ出版）
- 『実用カラーヒーリング』リリアン・ヴァーナー・ボンズ／著、今井由美子・諫早道子／訳（産調出版）
- 『人生カンタンリセット!夢をかなえる「そうじ力」』舛田光洋／著（総合法令出版）
- 『スピリチュアル幸運百科』江原啓之／著（主婦と生活社）
- 『チャクラヒーリング』リズ・シンプソン／著　吉井知代子／訳（産調出版）
- 『ぼーっとしようよ養生法―心のツボ、からだのツボに…』田中美津／著（毎日新聞社）
- 『ミュータント・メッセージ』マルロ モーガン／著、小沢 瑞穂／訳（角川書店）
- 『ライフ・ヒーリング』ルイーズ・L・ヘイ／著、中西珠佳江／訳（たま出版）
- 『私がわたしになれる本』テリー コール・ウィッタカー／著、玉置悟／訳（ベストセラーズ）

【著者紹介】

矢尾こと葉（やお・ことは）

◉――レイキ（気功）カウンセラー。エッセイスト。

たましいの発芽を応援するHappyLivingスクール「発芽＊カフェ」主宰。夢の実現や心とカラダの浄化をテーマに活動中。結婚後にスピリチュアルな世界や自然療法に目覚め、日本古来の手当て療法であるレイキ（霊気）と出会って人生観が変わる。現在はセルフヒーリング＆クリアリングの手法であるレイキのセミナーをはじめ、色やチャクラのワークショップ、カウンセリング、執筆のほか、企業のコンセプト設計などを行っている。

◉――趣味はオーガニックカフェめぐりとパワースポットの旅。都内でフォトグラファーの夫とふたり暮らし。著書に『感じるカラダ。』（総合法令、共著）、『本当に好きな仕事に出会える本』（ディスカヴァー）、『おうちカフェのつくりかた』（オープンセンス。）がある。

公式サイト「こと葉.net」 http://www.koto-ha.net
イベント情報ブログ「ホトケとわたし」 http://plaza.rakuten.co.jp/writer/

自分《じぶん》を浄化《じょうか》する方法《ほうほう》　〈検印廃止〉

2007年11月19日　第1刷発行
2008年1月16日　第4刷発行

著　者――矢尾　こと葉©
発行者――境　健一郎
発行所――株式会社かんき出版
東京都千代田区麴町4-1-4西脇ビル　〒102-0083
電話　営業部：03(3262)8011(代)　総務部：03(3262)8015(代)
編集部：03(3262)8012(代)　教育事業部：03(3262)8014(代)
FAX　03(3234)4421　振替　00100-2-62304
http://www.kankidirect.com/

印刷所――ベクトル印刷株式会社

乱丁・落丁本は小社にてお取り替えいたします。

ISBN978-4-7612-6478-9 C2095